飛田和緒

雪平鍋で
2品献立

使う雪平鍋は2サイズ

東京書籍

はじめに

　ひとり暮らしをはじめたときから使っている2つの雪平鍋を今も大事に使っています。はじめは野菜をゆでたり、麺をゆでたり、おみそ汁を作ったり、魚をさっと煮たりにと使い、炒めものはフライパンを、長く煮込む料理を作るようになってからは厚手の鍋を買い足しました。

　ところが年を重ねていくうちに、大きなフライパンや厚手の鍋が重く感じるようになり、軽くて扱いやすい雪平鍋をついつい手にとることが多くなってきました。炒めものや煮ものを雪平鍋で作っても案外うまくできることがわかったのです。

　とにかく軽くて持ちやすいこと、洗うのも楽チンですし、多少焦げてもゴシゴシとたわしで洗えばあっという間にきれいになります。鍋が曇ってきたら、アルミのたわしでこすればピカッと光る。ときどき無性に鍋磨きがしたくなることがあります。ひたすら磨くと無心になれて、頭がすっきり。雪平鍋とのつき合いにはそんな時間もあります。

　炒めるときには鍋を熱することなく、鍋に油や肉を入れてから火

にかける。肉や魚なら弱火にかける。野菜なら中火でと火加減に気をつければ、鍋に素材が張りつくことなく、炒めることができます。
　煮込むときには木の落としぶたや紙ぶたなどを使って、煮汁がうまくまわるようにしたり、煮汁が煮つまらないようにします。煮つめるときには落としぶたをはずせばいい。
　そんな我が家の雪平料理を一冊にまとめてみました。雪平鍋は2つ、直径4センチの差がある大小の鍋だけを使い、2品献立にしました。下ごしらえから仕上げまで雪平で作ります。
　プロセスカットは新しい雪平鍋を使っています。実は我が家の雪平鍋には木の取っ手がないものもあります。何度つけ替えても焦がしたりして取れてしまうので、今はあえてつけることなく、そのまま使っています。取っ手がない分収納もよく、これはこれで結構気に入っているのです。床に落としてしまったりと乱暴な扱いにも耐え、多少底がボコボコですけど、30年以上使い続けてもまったく問題なし。長く使えるのも雪平鍋のいいところです。

飛田和緒

目次

2 はじめに
8 雪平鍋は使い勝手がいいんです
10 この本で使う雪平鍋は2つ
11 雪平鍋を使いこなすポイント
12 雪平鍋は下ごしらえが得意技

牛肉がメインの2品献立

14 牛すき煮 + ほうれん草のおひたし
16 ハッシュドビーフ + ニース風サラダ
18 牛すねの肉じゃが + きのこと白菜の炒めマリネ
20 牛しゃぶとキャベツのごまだれあえ + ニラと豆腐の和風スープ
22 細切り牛肉とピーマン炒め + ゴーヤのサラダ
24 炒め牛肉のサラダ + つぶし大豆のみそ汁
26 タコライス + かぼちゃクリーム

豚肉がメインの2品献立

28 豚薄切り肉と小松菜の煮もの + じゃがたらこサラダ
30 豚肉と大根の韓国風煮もの + 春菊とわかめのナムル
32 豚しゃぶとゆで野菜のニラだれ + なす梅炒め
34 塩豚と生野菜 + じゃがにんじんのグラッセ
36 豚肉とキャベツのマヨ炒め + オクラと長芋のおつゆ
38 豚肉と玉ねぎのしょうが炒め + ポテトサラダ
40 ガパオライス + ズッキーニのレモンオイルあえ
42 肉団子と春雨のスープ + きゅうりのしょうが炒め

雪平鍋でこんなことも……
62　雪平鍋で、お粥を炊いてみる
90　雪平鍋で、混ぜご飯の素を作りおき
122　雪平鍋とセイロで、蒸してみる

鶏肉がメインの2品献立

44　鶏肉とれんこんの山椒煮 ＋ なすのしょうがじょうゆ炒め
46　炒り鶏 ＋ かぶのなます
48　手羽中、しいたけ、卵のオイスター黒酢煮 ＋ ほうれん草のみそ汁
50　ゆで鶏の花椒だれ ＋ 野菜スープかけご飯
52　ささ身と水晶豆腐のオクラ梅だれ ＋ 油揚げとみょうがの卵とじ
54　三色丼 ＋ お麩のおつゆ

肉加工品がメインの2品献立

56　ソーセージとキャベツの蒸し煮 ＋ ブロッコリーのじゃこ炒め
58　コンビーフと大豆のカレー ＋ 冷やしトマト
60　ベーコン、エリンギ、豆苗炒め ＋ ひじき煮

魚介 がメインの2品献立

- 64 ぶり大根 ＋ 炒り豆腐
- 66 さばのみそ煮 ＋ 大根葉とじゃこ炒め
- 68 かれいの梅煮 ＋ 野菜の白あえ
- 70 たらのおろし煮 ＋ せりとしいたけのゆず炒め
- 72 帆立のクリームシチュー ＋ 青菜の玉ねぎにんじんドレッシング
- 74 かじきのチリソース煮 ＋ 緑野菜の温サラダ
- 76 ヤムウンセン（タイ風春雨サラダ）＋ なすときのこのココナッツカレー煮
- 78 いかとセロリのナンプラー炒め ＋ 厚揚げのキムチ煮

大豆製品 がメインの2品献立

- 80 肉団子豆腐 ＋ 切り干し大根とじゃこ炒め
- 82 煮やっこ丼 ＋ 豚汁
- 84 袋煮 ＋ 酢れんこん
- 86 いなりずし ＋ ふきと豚肉の炒めもの
- 88 厚揚げと野菜のみそ炒め ＋ たらこしらたき

◎計量単位は、1カップ＝ 200㎖、
大さじ 1 ＝ 15㎖、小さじ 1 ＝ 5㎖です。
◎電子レンジの加熱時間は目安です。
機種によって違いがあるので加減してください。
◎塩は自然塩を使っています。
◎オリーブオイルはエキストラバージン
オリーブオイルを使っています。
◎「太白ごま油または米油」と記されているときは、
そのどちらかを使うのがおすすめですが、
ほかの油でもかまいません。

野菜 がメインの 2 品献立

- 92　ピーマンとツナの丸ごと煮 ＋ ニラ、ベーコン、卵炒め
- 94　かぶとベーコンのバター煮 ＋ 菜飯
- 96　白菜の詰め詰め煮 ＋ 長ねぎマリネ
- 98　夏野菜の煮込み ＋ マッシュポテト
- 100　かぼちゃのポタージュ ＋ ミモザサラダ
- 102　温野菜の豚肉あん ＋ 五目おから
- 104　粉吹きいものポテトサラダ ＋ 帆立といんげんのマスタードじょうゆ炒め
- 106　野菜と卵の水餃子 ＋ ひき肉とひじきの混ぜご飯
- 108　ゴーヤチャンプルー ＋ もずくのみそ汁
- 110　じゃがいもとたこのにんにく炒め ＋ 春豆の薄甘煮

麺 がメインの 1 品ごはん

- 112　カレーうどん
- 114　ちゃんぽん風ラーメン
- 116　ソース焼きそば
- 118　海鮮冷やし中華
- 120　ブロッコリーとじゃがいものクリームパスタ

124　INDEX

雪平鍋は使い勝手がいいんです

1 軽いから、気軽に使えます

雪平鍋はアルミ製。ステンレス製や多重構造の鍋などに比べて圧倒的に軽く、女性でもラクに扱えるのが魅力。軽くて扱いやすければ、毎日使っても嫌にならず、必然的に使用頻度が増えます。気持ちが楽だと、毎日のご飯作りも楽しくなります。

2 片手で持てて、作業がラクです

雪平鍋は片手鍋。水を入れるのも捨てるのも、器によそうときも、片手で持ち上げられるのがうれしい。また、取っ手が木製なので、鍋つかみも不要。シンプルに効率よく、合理的に無駄なく調理時間を使うことができます。

3 ザルにあけずに湯きりができます

材料をゆでたあと、重たい鍋だと両手で持ってザルにひっくり返さないと湯きりができませんが、雪平鍋だと片手で持って、もう一方の手で箸やヘラを持てば、ザルを使わずに湯きりができます。そんなちょっとしたことができるかどうかが大事です。

4 鍋中調理ができます

湯きりのほか、ゆでこぼしてさらに水気を飛ばしたり、木ベラでつぶしてピュレ状にしたり、ドレッシングやマヨネーズを入れて味をつけたり……といった鍋中調理ができるのも雪平鍋ならでは。料理によっては、ボウルを必要以上に使わないですみます。

5 広口で洗いやすく、重ねてしまえます

雪平鍋は形がシンプル、そしてふたがないので鍋の縁に大きな溝などもなく、とにかく洗いやすい。直径が変わっても形が同じだから、いくつか重ねて収納もできます。片口のタイプでも両口のタイプでも、使い勝手、しまい勝手は同じです。

6 取っ手が取れても、つけ替えられます

長年の使用で取っ手が劣化してしまったときは、取っ手の交換が可能。私も長年使っていた取っ手をつけ替えたことがあります。取っ手を外して、やっとこ（ペンチのようなもの）で鍋の縁をはさんで使っているものもあります。意外と軽々と持ち上がります。

7 雪平鍋はいろいろな調理に使えます

野菜や卵をゆでたり、ラーメンを作ったり……は雪平鍋のおなじみの使い方。そのほか、煮る、炒め煮、蒸し煮、炒る、炒める……など、さまざまな調理法が可能。アルミの表面を叩いて凸凹をつけることで表面積が広くなり、熱伝導率がよいのも特徴。

煮る

炒め煮

ゆでる

炒める

炒る

蒸し煮

この本で使う雪平鍋は2つ

この本では、2〜3人の料理を作るのに最適だと思われる2つのサイズの雪平鍋を使って、毎日の献立を紹介しています。メインのおかず1品＋副菜1品。あとはご飯があればOKのシンプル献立。使い勝手のよい雪平鍋は、2品同時進行で無理なく料理が作れるのが魅力です。

直径22㎝

主に、メインになる煮もの、具が多い炒めもの、たっぷりの湯が必要なゆでものなどに使います。

直径18㎝

主に、副菜、具の少ない炒め煮や炒めもの、みそ汁やスープ、下ごしらえなどに使います。

● はじめて使う前に…

くず野菜（にんじんの皮、玉ねぎの皮、大根の端っこなど）または米のとぎ汁を雪平鍋に入れて火にかけ、10分ほど煮沸させます。鍋の内側の変色を防ぐ効果があります。

● 鍋の内側が変色したら…

アルミタワシで洗います。もしくは、雪平鍋に水を入れ、レモンの薄切り1枚を加えて火にかけ、沸騰して数分したら湯とレモンを捨てて洗います。

雪平鍋を使いこなすポイント

1　落としぶたがあると、さらにおいしく

煮ものをおいしく仕上げるために使いたいのが、落としぶた。落としぶたをすると、煮汁が全体に行き渡り、味にムラができません。また、雪平鍋はふたがないので、ふた代わりに使うことによって鍋の熱気が逃げず、短時間で上手に仕上げることができます。サイズは鍋の直径より少し小さめのものを買い求め、材料に直接ふたをするように使います。また、煮くずれしがちな材料を煮るときは、オーブンシートを鍋より少し小さく切って真ん中に穴をあけ、落としぶた代わりに使います。

2　油がまだ冷たいうちに材料を入れます

雪平鍋はフライパンのようにフッ素樹脂加工されていないので、炒めものが鍋にくっつきやすく、形がくずれたり焦げやすくなってしまうことも。上手に炒めるコツは、鍋に油を入れたら火にかける前に材料を入れ、それから火にかけること。この方法だと全体に油が回って、材料が鍋にくっつくことがありません。

3　炒めものは大きめサイズの鍋で作るのがラク

フライパンで野菜炒めを作るとき、フライパンのまわりに材料が散らかってしまうことってありませんか。雪平鍋なら深さがあるので混ぜやすく、散らからずにすみます。さらにいろいろな野菜を混ぜ合わせることを考えると、少し大きめの鍋を使った方が油が全体になじみ、味にまとまりがでます。煮魚も2切れ重ならずに入ります。

4　セイロをセットすると蒸すこともできる

雪平鍋に水をたっぷり入れて火にかけて沸かし、上にセイロをのせれば、それだけで蒸し器になります。セイロは雪平鍋とほぼ同じ直径のものが理想ですが、もしなければ、セイロ用台輪（ステンレス製）をかませて使います（使い方は122ページ参照）。

雪平鍋は下ごしらえが得意技

＊この本のレシピに出てくる下ごしらえを紹介。

かたまり肉を
ゆでる

あさりをゆでて
殻を開ける

わかめを
湯通しする

卵をゆでる

豆腐をゆでて
水きりをする

油揚げの
油抜きをする

こんにゃくを
から炒りする

糸こんにゃくを
下ゆでする

青菜をゆでる

野菜を
次々と下ゆでする

トマトを
湯むきする

じゃがいもの水気を
飛ばして粉吹きにする

じゃがいもを
ゆでこぼす

里芋をゆでて
ぬめりを取る

冷凍うどんを
ゆがく

●こんなことも……

春雨をゆでる

パスタをゆでる

中華蒸し麺を
炒める

牛肉がメインの2品献立

> ゆでる ▶ 煮る 🍳 鍋φ22cm

牛すき煮

材料：2人分
牛切り落とし肉
　（少し脂のあるところ）　200g
玉ねぎ　大1個
糸こんにゃく　1袋
牛脂　適量
砂糖、しょうゆ　各大さじ2
だし汁　¼カップ

❶　牛肉は常温に出しておく。玉ねぎは6等分のくし形に切る。
❷　鍋に湯を沸かし、糸こんにゃくを入れて下ゆでし、ザルに上げて水気をきり、食べやすい長さに切る。
❸　❷の鍋をきれいにし、牛脂を入れて弱火にかけ、脂が溶けたらいったん火を止め、牛肉を広げて入れる。弱火にかけ、砂糖としょうゆを加え、肉を返して味をからめる。
❹　牛肉を鍋の片側に寄せ、玉ねぎ、糸こんにゃくを入れ、だし汁を注ぎ入れ、落としぶたをして弱めの中火で玉ねぎがクタッとなるまで煮る。

糸こんにゃくは下ゆでして臭みを抜いてから使う。これで味もよくしみ込む。

肉の上に砂糖としょうゆを回しかけ、肉に味をつける。

玉ねぎ、糸こんにゃくを入れ、落としぶたをして全体に甘辛い味を含ませる。

> ゆでる 🍳 鍋φ18cm

ほうれん草のおひたし

材料：作りやすい分量
ほうれん草　5株
A だし汁　1カップ
　｜塩　小さじ⅓
　｜しょうゆ　大さじ½

❶　鍋にたっぷりの湯を沸かし、ほうれん草を根元から入れてゆでる。水に取って冷まし、水気を絞る。
❷　バットなどにAを合わせ、ほうれん草の水気をさらに絞って加え、20分ほどおいて味を含ませる。
❸　食べやすい長さに切り、つけ汁ごと器に盛る。

ほうれん草はたっぷりの湯でゆでる。葉先よりかたい茎の方から先に入れる。

甘辛い味の牛すきと、あっさりとした味の
青菜のおひたしの組み合わせ。
牛すきは、牛脂を溶かして
いったん火を止めてから牛肉を入れるのがポイント。
鍋に牛肉がくっつきにくく、
調味料がムラなくからみます。

牛すき煮
＋
ほうれん草のおひたし

炒める ▶ 煮る 🍳 鍋φ22cm

ハッシュドビーフ

材料：2〜3人分
牛薄切り肉　250g
玉ねぎ　½個
マッシュルーム　6個
オリーブオイル、バター
　各小さじ2
小麦粉　小さじ2
A しょうゆ　大さじ1
　トマトケチャップ　大さじ1
　ウスターソース　大さじ1
塩、こしょう　各適量
パセリのみじん切り　適量
ご飯　適量

① 牛肉は常温に出しておく、食べやすい大きさに切り、軽く塩とこしょうをふる。玉ねぎは1cm幅に切り、ほぐす。マッシュルームは石づきを取って縦3等分に切る。
② 鍋にオリーブオイルとバター、玉ねぎを入れて弱めの中火にかけ、炒める。玉ねぎがしんなりとしてきたら塩を軽くふり、牛肉、マッシュルームの順に加えてさらに炒め、小麦粉をふってなじませる。
③ 水1カップを注ぎ入れて10分ほど煮、Aを加えてさらに5分煮る。塩、こしょうで味を調える。
④ 器にご飯とともに盛り、パセリをふる。

水を加えて煮る。牛肉からうまみが出るのでだし汁やスープの素は不要。

ゆでる 🍳 鍋φ18cm

ニース風サラダ

材料：2人分
じゃがいも　2個
さやいんげん　8本
トマト　1個
サラダ菜　4〜5枚
黒オリーブ　4〜5個
卵　2個
A アンチョビーのみじん切り
　　3枚分
　にんにくのすりおろし　少々
　白ワインビネガー　大さじ1
　オリーブオイル　大さじ2
　塩、こしょう　各少々

① じゃがいもは皮をむいて一口大に切り、さやいんげんはヘタを切り落とす。トマトはくし形に切り、サラダ菜は食べやすい大きさにちぎる。オリーブは半分に切る。
② 鍋にたっぷりの湯を沸かし、さやいんげんをゆで、水に取って冷まし、2〜3等分の長さに切る。
③ ②の鍋にじゃがいもを入れてゆで、取り出す。続いて卵を入れて6〜7分ゆで、水に取って冷まし、殻をむいて8等分のくし形に切る。
④ 器に②、③、トマト、サラダ菜、オリーブを合わせて盛り、Aを混ぜてかける。

まずはさやいんげんをゆでる。湯はそのままにし、さやいんげんを取り出す。

さやいんげんをゆでた湯で、じゃがいもをゆでる。じゃがいもを取り出す。

さらに同じ湯に卵を入れ、ときどき転がしながらゆでる。卵は常温に出しておくとよい。

ハッシュドビーフ
＋
ニース風サラダ

煮込む時間が少ないハッシュドビーフは、雪平鍋を使うと手軽。
炒めた材料に小麦粉をふってなじませ、水と調味料で煮れば完成。
ゆで野菜、生野菜、卵を組み合わせたニース風サラダがよく合います。

牛すねの肉じゃが
＋
きのこと白菜の炒めマリネ

牛すね肉のかたまりを使った、ちょっと贅沢な肉じゃが。
塩をすり込んでゆでて一晩おいたすね肉を、じゃがいもと一緒に煮込みます。
副菜は、雪平鍋の中で味つけをしてマリネしてしまう時短レシピ。

牛すね肉は塩をすり込んでゆでる。このまま一晩おいて落ち着かせ、次の日に肉じゃがにする。

じゃがいもが煮くずれないように、紙ぶたをしてコトコトと煮て味を含ませる。

ゆでる ▶ 煮る　鍋φ22cm

牛すねの肉じゃが

材料：作りやすい分量
牛すね肉（かたまり）　200g
じゃがいも（メークイン）　3個
塩　適量
長ねぎの小口切り　適量
七味唐辛子　少々

❶　牛肉は食べやすい大きさに切り、常温において脂をやわらかくする。塩小さじ½をすり込んで鍋に入れ、かぶるくらいの水を加えて中火にかけ、沸騰したらアクを取って紙ぶたをし、弱めの中火で40分ほどゆでる。煮汁が少なくなったら、その都度加える。火を止めてそのまま一晩おく。
❷　じゃがいもは皮をむき、大きいものは半分に切る。
❸　❶に❷を入れて中火にかけ、紙ぶたをし、じゃがいもがやわらかくなるまで煮る。塩で味を調える。
❹　器に盛り、長ねぎをのせて七味唐辛子をふる。

白菜の芯の部分を先に炒め、そのあと、しめじと葉の部分を加える。

炒める ▶ あえる　鍋φ18cm

きのこと白菜の炒めマリネ

材料：2人分
白菜　1/16個
しめじ　¼パック
太白ごま油または米油　小さじ1
塩　適量
薄口しょうゆ　少々
酢　小さじ1

❶　白菜は一口大に切り、芯と葉の部分に分ける。しめじは小房に分ける。
❷　鍋に油、白菜の芯を入れて中火にかけて炒め、油が回ったら塩2つまみをふって混ぜ、しめじと白菜の葉を加える。
❸　全体に混ぜながら炒め合わせ、薄口しょうゆと酢を加えてあえ、塩少々で味を調える。火を止めてそのまま味をなじませる。

さっとゆでたやわらかい牛肉と、
ゆでて甘さを引き出したキャベツの取り合わせ。
みそ味のごまだれであえて、
ご飯がすすむ味に仕上げます。
薄くとろみをつけた和風スープを添えて献立に。

鍋にたっぷりの湯を沸かし、キャベツをゆでる。ゆで加減は好みでよい。

続いて牛肉もゆでる。ゆですぎるとかたくなるので、火を止めて湯の温度を下げてからゆでる。

ゆでる 鍋φ22cm

牛しゃぶとキャベツの ごまだれあえ

材料：2人分
牛赤身薄切り肉
　（しゃぶしゃぶ用）　200g
キャベツ　4枚
A 白すりごま　大さじ2
　みそ　大さじ2
　砂糖　大さじ1
　しょうゆ　少々

❶ 牛肉は常温に出しておく。キャベツは一口大に切る。
❷ 鍋にたっぷりの湯を沸かし、キャベツを入れてゆで、ザルに上げる。
❸ ❷の湯を再び沸騰させ、火を止めて少し温度を下げ、牛肉を1枚ずつ入れてさっとゆでる。ペーパータオルにのせて水気をきり、食べやすい大きさに切る。
❹ ボウルにAを合わせ、キャベツを入れて軽くあえ、牛肉を加えてあえる。

煮る 鍋φ18cm

ニラと豆腐の和風スープ

豆腐を煮たら、水溶き片栗粉で薄くとろみをつける。やさしい口当たりになる。

材料：2人分
ニラ　3本
豆腐（絹ごし）　1/3丁
卵　1個
塩　2つまみ
薄口しょうゆ　小さじ1/3
片栗粉　小さじ2
だし汁　2カップ

❶ ニラは5mm〜1cm幅に刻み、豆腐は軽く水きりする。卵は割りほぐす。
❷ 鍋にだし汁を入れて火にかけ、豆腐をくずし入れ、塩と薄口しょうゆで味を調える。
❸ 片栗粉を同量の水で溶いて回し入れ、薄くとろみがついたら、溶き卵を回し入れ、ニラを加えてひと煮する。

牛しゃぶとキャベツのごまだれあえ
＋
ニラと豆腐の和風スープ

炒める　鍋φ22cm

細切り牛肉とピーマン炒め

材料：2人分
牛肉（網焼き・焼き肉用）　250g
A 塩　小さじ1/3
　こしょう　適量
　紹興酒　小さじ2
にんにく　1/2かけ
ピーマン（緑、赤、黄、オレンジ）
　合わせて5個
牛脂　適量
B オイスターソース　小さじ2
　しょうゆ　少々

❶　牛肉は常温に出しておき、細切りにしてAをもみ込み、10分ほどおく。にんにくはみじん切りにする。ピーマンは種を取って縦細切りにする。
❷　鍋に牛脂とにんにくを入れて弱火にかけ、脂が溶けたらいったん火を止め、牛肉を入れて弱火で炒める。
❸　表面の色が変わったらピーマンを加えて中火で炒め合わせ、Bを入れてさらに炒める。

牛肉は、牛脂を溶かして炒める。コクと甘みが出ておいしくなる。

ピーマンを加えて炒め合わせる。ピーマンは1種類でもよい。

ゆでる　鍋φ18cm

ゴーヤのサラダ

材料：2人分
ゴーヤ　1/2個
玉ねぎ　1/4個
削り節　適量
A しょうゆ　小さじ2
　ごま油　小さじ2

❶　ゴーヤは種とワタを取って薄切りにし、塩小さじ1/2（分量外）をまぶして15分ほどおく。
❷　鍋に湯を沸かし、❶を塩をつけたまま入れてさっとゆで、ザルに上げて冷ます。
❸　玉ねぎは薄切りにして水にさらし、手で軽くもんでさらに5分ほどさらす。
❹　水気をきった❸と❷を合わせて器に盛り、削り節をのせる。Aを混ぜ合わせて適量かける。

ゴーヤは塩をまぶしてからゆでると、色が鮮やかになり、クセもやわらぐ。

牛肉は少し厚めの網焼き用を買い求め、
細切りにして使うのがおすすめ。
下味をつけるとうまみが倍増し、牛肉の存在感が楽しめます。
箸休めには、ほろ苦&シャキシャキ野菜のあっさりサラダを。

細切り牛肉とピーマン炒め
＋
ゴーヤのサラダ

炒め牛肉のサラダ
＋
つぶし大豆のみそ汁

炒めた牛肉と生の野菜の組み合わせが絶妙の、おかずサラダが主役。
牛肉には塩と小麦粉をふり、牛脂で炒めるのがポイントです。
みそ汁はじゃがいも、わかめ、油揚げ、そして、つぶし大豆と具だくさん。

炒め牛肉のサラダ

炒める 鍋φ22cm

材料：2人分
牛切り落とし肉　200g
セロリ　1本
セロリの葉　少々
赤玉ねぎ　¼個
塩　小さじ⅓
小麦粉　大さじ1
牛脂　適量
A　バルサミコ酢　小さじ2
　　しょうゆ　小さじ½
　　黒こしょう　少々

❶ 牛肉は常温に出しておく。
❷ セロリは筋を取って斜め薄切りにし、セロリの葉は刻む。赤玉ねぎは薄切りにする。大きめのボウルに入れておく。
❸ ❶の牛肉に塩と小麦粉をふる。鍋に牛脂を入れて弱火にかけて脂を溶かし、いったん火を止め、牛肉を広げて入れ、弱火で炒める。
❹ 牛肉に火が通ったら熱いうちに❷のボウルに加え、Aを入れてあえる。

焼く直前に塩と小麦粉をふり、1枚ずつ広げて入れる。

溶かした牛脂で、焦げつかないようにして炒めていく。

つぶし大豆のみそ汁

煮る 鍋φ18cm

材料：2人分
大豆水煮　100g
じゃがいも　1個
わかめ（戻したもの）　15g
油揚げ　⅓枚
だし汁　2カップ
みそ　大さじ1〜2

❶ 大豆はつぶす。じゃがいもは皮をむいて一口大に切り、わかめは食べやすい大きさに切る。油揚げは細切りにする。
❷ 鍋にだし汁、じゃがいも、油揚げを入れて火にかけ、じゃがいもがやわらかくなるまで煮る。
❸ わかめを加え、大豆を入れ、みそを溶き入れてひと煮する。

つぶした大豆を加えると、大豆の味が楽しめるみそ汁になる。

炒める 鍋φ18cm

タコライス

材料：2〜3人分
タコミート
　牛ひき肉　200g
　にんにく　½かけ
　オリーブオイル　小さじ1
　A 塩　2つまみ
　　トマトケチャップ　小さじ2
　　ウスターソース　小さじ2
　　しょうゆ　少々
　スパイス
　　（コリアンダー、チリペッパー、
　　パプリカ、クミンなど）　少々
レタス　1枚
きゅうり　½本
ミニトマト（黄、オレンジなど）
　合わせて6個
ご飯　適量

❶　にんにくはみじん切りにする。
❷　鍋にオリーブオイル、❶を入れて弱火にかけ、にんにくの香りが立ったら、いったん火を止め、ひき肉を加えて弱火で炒める。脂が出たらペーパータオルで吸い取り、Aとスパイスを加えてさらに炒める。
❸　レタスはせん切りにし、きゅうりは1cm角に切る。ミニトマトは4等分に切る。
❹　器にご飯を盛って❸をのせ、❷のタコミートをかける。

スパイスは、コリアンダー、チリペッパー、パプリカ、クミンなど好みのものを2〜3種入れるとよい。

煮る ▶ あえる 鍋φ22cm

かぼちゃクリーム

材料：作りやすい分量
かぼちゃ　¼個
砂糖　小さじ1
薄口しょうゆ　小さじ2
クリームチーズ　40g

❶　かぼちゃはワタと種を取って皮をむき、一口大に切る。
❷　鍋に❶を入れ、ひたひたよりやや少なめの水を注ぎ入れ、砂糖と薄口しょうゆを加え、中火にかける。沸騰したら落としぶたをし、弱めの中火で10分ほど煮る。
❸　汁気がほぼなくなってかぼちゃがやわらかくなったら火を止める。汁気が多く残っている場合は煮詰める。
❹　鍋の中でフォークで軽くつぶし、粗熱がとれたら、クリームチーズを加えて混ぜる。

一口大に切ったかぼちゃを水から煮る。味つけは砂糖と薄口しょうゆ。

かぼちゃがやわらかくなって汁気がなくなったら、鍋の中でつぶす。

タコライス
＋
かぼちゃクリーム

タコミートを作るときは、浅めのフライパンを使うより雪平鍋を使った方が混ぜやすく、スパイスもムラなく混ざります。
ほんのり甘いかぼちゃクリームを添えて、味のバランスを取ります。

豚肉がメインの2品献立

煮る 鍋φ22cm

豚薄切り肉と小松菜の煮もの

材料：2人分
豚薄切り肉　200g
酒　小さじ1
小松菜　5株
だし汁　1カップ
A しょうゆ　小さじ2
　みりん　小さじ2
塩　適量

❶ 豚肉は食べやすい大きさに切り、酒をふって手でもむ。小松菜は4cm長さに切る。
❷ 鍋にだし汁を入れ、肉をほぐしながら加えて中火で5分ほど煮る。アクが出たら取る。
❸ Aと小松菜を加え、小松菜に火が通るまで煮る。塩で味を調える。

豚肉をだし汁で煮て、そのあと調味して小松菜を加えて煮含める。

ゆでる 鍋φ18cm

じゃがたらこサラダ

材料：2人分
じゃがいも（メークイン）　2個
たらこ　50g
A 無糖ヨーグルト　大さじ2
　マヨネーズ　小さじ2
　オリーブオイル　小さじ2

❶ たらこは薄皮をとってボウルに入れ、Aを加えて混ぜる。
❷ じゃがいもは皮をむき、スライサーで細切りにするか、薄切りにしてから包丁でせん切りにする。
❸ 鍋にたっぷりの湯を沸かし、じゃがいもを入れてさっとゆでる。水に取り、ザルに上げて水気をきる。
❹ ❸の水気をよく絞り、❶に加えてあえる。

じゃがいもはせん切りにしてさっとゆでる。そのあと水にさらすとシャキシャキの食感に。

豚薄切り肉と小松菜の煮もの
＋
じゃがたらこサラダ

ささっと作れる豚薄切り肉のおかずがこちら。
小松菜は煮すぎてもクタクタに
ならないので、煮もの向き。
しょうゆとみりんで定番の味に仕上げます。
副菜はシャキシャキのじゃがいもでサラダ。
たらこソースでクセになるおいしさです。

豚肉と大根の韓国風煮もの
＋
春菊とわかめのナムル

うまみの出る豚バラ肉と甘みを吸う大根を組み合わせた、こっくり味の煮ものがメイン。
バラ肉をしっかりと焼きつけてから煮るのが、おいしさのポイントです。
副菜は、ごま油の香りを生かしたナムル。鍋の中であえるとボウルいらずです。

焼く ▶ 煮る 鍋φ22cm

豚肉と大根の韓国風煮もの

材料：2〜3人分

豚バラかたまり肉　300g
大根　400g
昆布　5cm×10cmのもの1枚
豆板醤　小さじ2
酒、しょうゆ　各大さじ2
砂糖　大さじ1

❶ 豚肉、大根は大きめの一口大に切る。昆布は水2½カップに入れて戻し、3cm角に切る。戻し汁は取っておく。
❷ 鍋に豚肉を脂の多い部分を下にして並べ入れ、弱火にかけてじっくりと焼きつける。脂が出てきたらペーパータオルで吸い取り、全面を焼く。
❸ 豆板醤、大根を加えて軽く炒め合わせ、❶の戻し汁、昆布、酒、砂糖を入れ、落としぶたをして弱めの中火で20〜30分煮る。
❹ 豚肉、大根ともにやわらかくなったらしょうゆを加え、落としぶたを取って煮汁を煮詰めながら味をからめる。

豚肉は脂を溶かしながら焼きつける。出てきた脂は吸い取る。

ゆでる ▶ あえる 鍋φ18cm

春菊とわかめのナムル

材料：2人分

春菊　½束
わかめ（戻したもの）　30g
A　塩　2つまみ
　　ナンプラー　少々
　　ごま油　小さじ1
白炒りごま　少々

❶ 春菊はかたい根元の部分を切り落とし、葉と茎に分け、茎は食べやすい長さに切る。わかめはざく切りにする。
❷ 鍋に湯を沸かし、わかめをザルに入れてザルごと湯に浸し、さっと湯通しする。粗熱を取って水気を絞る。
❸ ❷の鍋に春菊の茎、葉の順に入れてさっとゆで、湯を捨てて粗熱を取り、水気を絞る。わかめを加え、Aを入れてあえる。
❹ 器に盛り、ごまをふる。

わかめはザルに入れて湯通しする。そのまま水気をきって冷ます。

豚しゃぶのときは、野菜も一緒にゆでるのがおすすめ。
一つの雪平鍋で次々とゆでていくだけなので気軽です。
ここではロメインレタス、パプリカ、もやしを使いましたが、
冷蔵庫にある野菜を使ってもOK。
野菜炒めを添えてヘルシー献立に。

鍋に湯を沸かし、野菜を次々とゆでる。同じ湯でゆでていく。

野菜をゆでた湯で豚肉もゆでる。1枚ずつつゆでるとゆですぎない。

> ゆでる 🍳 鍋φ18cm

豚しゃぶとゆで野菜の
ニラだれ

材料：2人分
豚薄切り肉（しゃぶしゃぶ用）　150g
ロメインレタス　3〜4枚
パプリカ（黄、オレンジ）　各¼個
もやし　1パック
ニラだれ（作りやすい分量）
 ニラ　5本
 長ねぎの粗みじん切り　5cm分
 しょうがのすりおろし
  ½かけ分
 しょうゆ　大さじ1
 砂糖、酢　各小さじ1
 ごま油　大さじ1½

❶ ニラだれを作る。ニラは刻み、ほかの材料を加えて混ぜ合わせる。
❷ ロメインレタスは2〜3等分に切る。パプリカは1cm幅の縦細切りにする。もやしはひげ根を取る。
❸ 鍋に湯を沸かし、ロメインレタス、パプリカ、もやしの順にさっとゆで、ザルに上げて水気をきる。火を止めて少し温度を下げ、豚肉を1枚ずつ入れてさっとゆで、ペーパータオルにのせて水気をきる。
❹ 器に野菜と豚肉を盛り合わせ、ニラだれ適量をかける。

> 炒める 🍳 鍋φ22cm

なす梅炒め

材料：2人分
なす　3本
梅干し　大1個
太白ごま油または米油　大さじ2
A 塩　1つまみ
 薄口しょうゆ　少々
 みりん　小さじ½

❶ なすはヘタを取って縦8等分に切り、水に5分ほど放し、水気をきる。梅干しは種をよけて細かくたたく。
❷ 鍋に油となすを入れ、中火にかけて炒め、全体に油がなじんだら、梅肉と種を加えてさらに炒める。Aを加えて味をからめる。

梅干しの種も入れて炒める。種のまわりについた果肉が炒めているうちに取れる。

豚しゃぶとゆで野菜のニラだれ
＋
なす梅炒め

塩漬けにした豚肉を水からゆでる。水の量はかぶるくらい。少なくなったら足す。

紙ぶたをして、ゆで汁が少なくなっても豚肉の表面が乾かないようにする。

ゆでる 鍋φ22cm

塩豚と生野菜

材料：2〜3人分
豚肩ロースかたまり肉　300g
塩　小さじ1½
レタス、青じそ、白髪ねぎ
　各適量

❶ 豚肉は塩をまぶしてなじませ、ラップでしっかりと包み、さらにビニール袋に入れて、冷蔵庫で1〜2日おく。
❷ 鍋に水気を拭き取った豚肉、かぶるくらいの水を入れて中火にかけ、沸騰したら紙ぶたをして40分ほどゆでる。途中ゆで汁が少なくなったら、その都度足す。鍋のまま、汁の粗熱が取れるまで冷ます。
❸ レタスは大きめに切り、青じそは縦半分に切る。
❹ ❷の豚肉を食べやすい厚さに切り、レタス、青じそ、白髪ねぎとともに器に盛る。

煮る 鍋φ18cm

じゃがにんじんのグラッセ

材料：2人分
じゃがいも　2個
にんじん　½個
バター　20g
しょうゆ　大さじ1

はじめからバターを加えて煮はじめ、バターの風味とコクを出す。

❶ じゃがいも、にんじんは皮をむいて一口大の乱切りにする。
❷ 鍋に❶を入れ、ひたひたより少なめの水、バター、しょうゆを加えて中火にかける。沸騰してきたら落としぶたをし、弱めの中火で煮汁がなくなるまで煮る。

塩豚を作るにはちょっと時間がかかりますが、
作っておけばいつでも好きなときに食べられるのが魅力。
ここでは、好みの厚さに切って生野菜に包んでいただきます。
箸休めにはバターとしょうゆをからめた野菜のグラッセ。
ご飯に合います。

塩豚と生野菜
＋
じゃがにんじんのグラッセ

時間のないときに、チャチャッと作れるスピード献立。
炒めものの味つけはマヨネーズ、そして、しょうゆを少し。
それだけでご飯のおかずになるのがすごい。
汁ものの具も、さっと煮ればいいだけの長芋とオクラ。

味つけはマヨネーズと
しょうゆ。コクとうま
みが加わる。

豚肉とキャベツのマヨ炒め

材料：2人分
豚肩ロース薄切り肉　120 g
キャベツ　大4枚
塩　適量
太白ごま油または米油　小さじ1
マヨネーズ　大さじ2
しょうゆ　小さじ½

❶ 豚肉は食べやすい大きさに切り、塩少々をふる。キャベツは大きめのざく切りにする。
❷ 鍋に油と豚肉を入れ、弱火にかけて炒める。肉の色が変わったらいったん取り出す。
❸ ❷の鍋にキャベツを入れて中火で炒め、しんなりとしてきたら塩1つまみをふり、豚肉を戻し入れて炒め合わせる。
❹ マヨネーズとしょうゆを加えて味をからめる。

オクラと長芋のおつゆ

味つけは、塩とナンプラーでシンプルに。ナンプラーの代わりに薄口しょうゆでも。

材料：2人分
オクラ　4本
長芋　5cm
だし汁　2カップ
塩　1つまみ
ナンプラー　小さじ½
もみのり　少々

❶ オクラはかたいガクを薄く削り取り、1cm幅の小口切りにする。長芋は皮をむいて1cm角に切る。
❷ 鍋にだし汁を入れて温め、❶を入れてさっと煮、塩とナンプラーで味を調える。
❸ 器に盛り、もみのりをのせる。

豚肉とキャベツのマヨ炒め
＋
オクラと長芋のおつゆ

豚肉と玉ねぎのしょうが炒め
＋
ポテトサラダ

豚肉はさっと炒めていったん取り出し、
玉ねぎを炒めたら雪平鍋に戻して
味つけをするのがコツ。
自家製しょうが焼きのたれが、
おいしさの秘密です。
取り合わせるのはマヨネーズ味のポテサラ。
雪平鍋の中で混ぜて仕上げます。

豚肉と玉ねぎのしょうが炒め

炒める　鍋φ22cm

材料：2人分
豚薄切り肉（しょうが焼き用）　6枚
塩、こしょう　各少々
片栗粉　適量
玉ねぎ　½個
太白ごま油または米油　小さじ2
A しょうがのすりおろし　1片分
　しょうゆ、砂糖、酒
　各大さじ1

❶　豚肉は半分に切り、軽く塩とこしょうをし、片栗粉をまぶす。玉ねぎは1cm幅の輪切りにし、ほぐす。Aは混ぜ合わせる。
❷　鍋に油と豚肉を入れ、弱火にかけて炒め、火が通ったらいったん取り出す。
❸　❷の鍋に玉ねぎを入れて炒め、しんなりとしたら塩を軽くふる。
❹　豚肉を戻し入れ、Aを加え、炒めながら味をからめる。

豚肉を炒めた鍋で玉ねぎを炒め、豚肉を戻し入れる。

ポテトサラダ

ゆでる ▶ あえる　鍋φ18cm

材料：作りやすい分量
じゃがいも　3個
赤玉ねぎ　¼個
ピーマン　1個
A 酢、砂糖　各小さじ2
　塩　2つまみ
マヨネーズ　大さじ3
ツナ缶　小1缶
塩　少々

❶　じゃがいもは皮をむいて一口大に切る。鍋に入れ、水をかぶるくらいまで注ぎ入れ、じゃがいもがやわらかくなるまでゆでる。
❷　赤玉ねぎは薄切りにし、ピーマンは種を取って細切りにする。
❸　❶のじゃがいもがやわらかくなったら湯を捨て、再び火にかけて水気を飛ばし、火を止めてつぶす。熱いうちに赤玉ねぎを加えて混ぜ、Aを入れてあえる。
❹　粗熱が取れたら、ピーマン、マヨネーズ、ツナを缶汁ごと加えて混ぜ、塩で味を調える。

じゃがいもがやわらかくなったら湯を捨てる。これを再び火にかけて水分を飛ばす。

つぶして下味をつけたじゃがいもに、具と調味料を加えて混ぜ、鍋の中で仕上げる。

炒める　鍋φ22cm

ガパオライス

材料：2人分
豚ロース肉（とんかつ用）　2枚
玉ねぎ　½個
ピーマン（赤）　1個
にんにく　1片
太白ごま油または米油　大さじ1
豆板醤　小さじ1
酒　小さじ2
A しょうゆ　小さじ1
　　オイスターソース　小さじ1
　　ナンプラー　小さじ½
塩　適量
バジル　2枝
卵　2個
ご飯　適量
レモンのくし形切り　2切れ

❶　豚肉、玉ねぎは1cm角に切り、ピーマンは種を取って1cm角に切る。にんにくはみじん切りにする。
❷　鍋に油、豚肉、玉ねぎ、にんにくを入れ、弱めの中火にかけて炒め、豆板醤を加えてさらに炒める。酒を加え、豚肉に火が通るまで炒める。
❸　**A**とピーマンを入れ、汁気がなくなるまで炒め合わせる。塩で味を調え、バジルの葉をちぎって加える。
❹　ポーチドエッグを作る。鍋に湯を沸かし、酢少々（分量外）を入れ、湯を菜箸などでぐるぐると混ぜて水流を作り、その真ん中に卵1個を割り入れる。さらに水流を作って卵の白身をまとめるようにしてゆでる。白身がかたまったら、ペーパータオルの上に取り出す。同様にしてもう1個作る。
❺　器にご飯を盛って❸をかけ、レモンを添え、ポーチドエッグをのせる。

味をからめながら炒め合わせる。豚肉の代わりに鶏もも肉を使ってもいい。

味つけは豆板醤、しょうゆ、オイスターソース、ナンプラー。これでアジアンテイストに。

水流を作って中心にそっと卵を落とす。ひとつずつ作る。18cmの鍋を使用。

ゆでる　鍋φ18cm

ズッキーニのレモンオイルあえ

材料：2人分
ズッキーニ　1本
塩　2つまみ
レモンの搾り汁　¼個分
オリーブオイル　小さじ2

❶　ズッキーニは食べやすい長さの短冊切りにする。鍋にたっぷりめの湯を沸かし、ズッキーニを入れてさっとゆで、ザルに上げて水気をきる。
❷　温かいうちにボウルに入れて塩をふり、レモンの搾り汁をかけてあえ、オリーブオイルを回しかける。
❸　ガパオライスに添える。

ズッキーニは短冊切りにしてゆでる。輪切りや薄切りにするより食感が楽しめる。

> ガパオライス
> ＋
> ズッキーニのレモンオイルあえ

ナンプラーとバジルが香る肉炒めをご飯と一緒に食べる、タイ風メニュー。
目玉焼きをのせてもいいですが、ここでは雪平鍋（18cm）でポーチドエッグを作って
トッピング。口直しにゆでズッキーニのあえものを添えます。

肉団子と春雨のスープ
＋
きゅうりのしょうが炒め

肉団子、春雨、青梗菜を入れた具だくさんスープは
それだけでごちそう感がありますが、歯ごたえと味の違う副菜があるとパーフェクト。
ここでは、しょうがと赤唐辛子を効かせたきゅうりの炒めものを作ります。

春雨は熱湯に入れてゆでる。ぬるま湯で戻すより時短。

湯の中に肉団子を落として煮る。肉団子からうまみが出るのでスープの素は不要。

肉団子と春雨のスープをご飯にかけて、汁かけご飯にしても。

(ゆでる ▶ 煮る 鍋φ18cm)

肉団子と春雨のスープ

材料：2〜3人分
A 豚ひき肉　250g
　玉ねぎのみじん切り　½個分
　塩　小さじ½
　ナンプラー　小さじ½
　片栗粉　小さじ2
春雨(乾燥)　30g
青梗菜　小1株
塩、ナンプラー　各少々

❶ ボウルにAを入れ、手でよく練り混ぜる。
❷ 鍋に湯を沸かし、春雨を入れてゆでる。ザルに上げて水洗いし、水気をきり、キッチンバサミで食べやすい長さに切る。
❸ 青梗菜は1枚ずつにする。
❹ 鍋に湯3カップを沸かし、❶をスプーンで丸めて落とし入れ、中火で4〜5分煮る。❷と❸を加え、塩とナンプラーで味をつける。

(炒める 鍋φ22cm)

きゅうりのしょうが炒め

材料：2人分
きゅうり　2本
ごま油　小さじ2
しょうがのせん切り　½片分
赤唐辛子　1本
塩　2つまみ

きゅうりを炒めるときは、種を除くと青臭さがなくなり、シャキッとした仕上がりになる。

❶ きゅうりは縦半分に切り、種をスプーンで取り除き、斜めに一口大に切る。
❷ 鍋にごま油、きゅうり、しょうが、赤唐辛子を入れ、中火にかけて炒める。きゅうりに油がなじんできたら、塩をふってさっと炒める。

鶏肉がメインの2品献立

蒸し煮　鍋φ22cm

鶏肉とれんこんの山椒煮

材料：2人分
鶏もも肉　2枚
塩　小さじ½
れんこん　½節
酒　大さじ2
実山椒
　（塩漬け、しょうゆ漬け、つくだ煮など）
　大さじ1
薄口しょうゆ　小さじ1

① 鶏肉は洗って水気を拭き取り、余分な脂を取り除く。大きめの一口大にそぎ切りにし、塩をふる。
② れんこんは皮をむいて薄い輪切りにし、大きいものは半月切りにする。水に5分ほどさらし、水気をきる。
③ 鍋にれんこんを敷きつめ、その上に鶏肉をのせ、酒をふる。落としぶたをして中火にかけ、3分ほど蒸し煮する。
④ 一度混ぜて肉を返し、実山椒を加え、再び落としぶたをして3分ほど蒸し煮する。薄口しょうゆを回しかけて軽く混ぜる。

鍋にれんこんを敷きつめ、その上に鶏肉をのせ、酒をふって火にかける。

炒める　鍋φ18cm

なすのしょうがじょうゆ炒め

材料：2人分
なす　3本
太白ごま油または米油　大さじ2
塩　2つまみ
A　しょうゆ　小さじ2
　　しょうがのすりおろし　1片分

① なすはヘタを取って1.5cm厚さの輪切りにし、大きいものは半月切りにする。5分ほど水にさらし、水気をきる。
② 鍋になすを入れ、油を加えてざっと混ぜて中火にかけ、焦げないように混ぜながら炒める。しんなりとしてきたら塩をふり、さらに炒める。
③ なすに火が通ったら火を止め、Aを合わせて加え、味をなじませる。

なすに油をからめてから火にかけると、焦げつきにくい。油が足りないなと思ったら随時足す。

鶏肉とれんこんの山椒煮
＋
なすのしょうがじょうゆ炒め

山椒煮といっても、酒で蒸し煮した、汁気のないタイプ。
実山椒の塩気によってしょうゆの量を加減して仕上げます。
副菜はしょうがを効かせた和風の炒めもの。山椒煮とのバランスが絶妙です。

炒める ▶ 煮る　鍋φ22cm

炒り鶏

材料：2人分
鶏もも肉　1枚
ごぼう　2本
にんじん　1本
太白ごま油または米油　大さじ1
砂糖　大さじ1
しょうゆ　大さじ2

❶ 鶏肉は洗って水気を拭き取り、余分な脂を取り除いて一口大に切る。ごぼうは皮ごと洗って食べやすい長さに切り、縦2～4等分に切り、5分ほど水にさらし、水気をきる。にんじんは皮をむき、ごぼうより少し大きめに切る。
❷ 鍋に油、❶を入れて、中火にかけて炒め、全体に油がからんだら、水120mlと砂糖を加え、フツフツとしてきたら、落としぶたをして15分ほど弱めの中火で煮る。
❸ しょうゆを加え、落としぶたなしで煮汁がなくなるくらいまで煮詰め、炒りつけるようにしてしっかりと味をからめ、照りよく仕上げる。

鶏肉、ごぼう、にんじんを油で炒め、素材のうまみと甘みを出す。

調味料を加えて煮、汁気がなくなるくらいまで煮詰め、煮汁をからめながらし仕上げる。

ゆでる　鍋φ18cm

かぶのなます

材料：2人分
かぶ　2個
かぶの茎　少々
A 塩　小さじ½
　砂糖　大さじ1
　酢　大さじ2

❶ かぶは皮をむいて短冊切りにする。茎は小口切りにする。
❷ 鍋に湯を沸かし、❶を入れてさっとゆで、ザルに広げて粗熱を取る。
❸ ボウルにAを入れて混ぜ合わせ、❷を水気を絞って加え、30分ほどおいて味をなじませる。

かぶと茎はさっとゆでる。ゆでてから甘酢につけると、かぶの甘みが引き立つ。

炒り鶏
＋
かぶのなます

甘辛しょうゆ味の煮もの、
甘酸っぱい味のあえものの取り合わせ。
煮ものは、炒めてから煮るのでコクがあり、
アツアツでも冷めても美味。
あえものは、さっとゆでてから浸すので、
やさしい口当たりです。

> 手羽中、しいたけ、
> 卵のオイスター黒酢煮
> ＋
> ほうれん草のみそ汁

黒酢で煮た手羽中はやわらか、しいたけは手羽のうまみを吸ってうまみたっぷり。
そこに卵を加えればボリューム満点。これだけでご飯がすすみます。
もう1品は、青菜のみそ汁。小松菜や水菜、青梗菜など他の青菜を使っても。

炒める ▶ 煮る 鍋φ22cm

手羽中、しいたけ、卵のオイスター黒酢煮

材料：2人分
鶏手羽中　8本
干ししいたけ　大3枚
卵　4個
A しょうゆ　小さじ1
　オイスターソース　大さじ2
　砂糖　小さじ1
　黒酢　大さじ1
塩　適量
ごま油　小さじ1

❶ 干ししいたけは水1カップにつけて戻し、4等分のそぎ切りにする。戻し汁はとっておく。
❷ 手羽中はさっと洗って水気を拭き取り、骨に沿って切り目を入れ、塩少々をふる。
❸ 鍋に卵と水を入れて火にかけ、12〜15分ゆでる。冷水に取って殻をむく。
❹ ❸の鍋を拭いてごま油を入れ、手羽中を皮目を下にして並べ入れ、弱火にかけて焼きつけるようにして炒める。
❺ ❶、水½カップ、Aを加え、落としぶたをして中火で20分ほど煮る。卵を加えて5分ほど煮、塩で味を調える。

卵は水とともに鍋に入れてゆでる。12〜15分でかたゆでになる。

手羽中は皮目を下にして焼きつけ、ひっくり返して全体に焼き色がつく程度まで炒める。

しいたけ、戻し汁、水、調味料を加えて、落としぶたをして煮含める。卵は途中で加える。

煮る 鍋φ18cm

ほうれん草のみそ汁

材料：2人分
ほうれん草　2〜3株
だし汁　2カップ
みそ　大さじ1〜2

❶ ほうれん草は1cm幅に切る。
❷ 鍋にだし汁を入れて温め、❶を入れて煮、みそを溶き入れて火を止める。

ほうれん草に火が通ったらみそを溶き入れる。みその量は好みで加減する。

ゆで鶏の花椒だれ
＋
野菜スープかけご飯

主菜は、あっさりとした鶏の胸肉をゆで、
中国風のスパイシーなたれをたっぷり
かけていただく、ヘルシー料理。
花椒のヒリリとする辛さが食欲を刺激します。
胸肉のゆで汁はおいしいだしが出ているので、
野菜を入れてスープにし、
汁かけご飯に仕立てます。

ゆで鶏の花椒だれ

ゆでる ▶ 炒める　鍋φ22cm

材料：2〜3人分
鶏胸肉（皮なし）　2枚
塩　小さじ1
酒　大さじ2
花椒だれ（作りやすい分量）
　A 玉ねぎのみじん切り　¼個分
　　にんにくのみじん切り
　　　大1片分
　　ごま油　大さじ1
　しょうがのみじん切り
　　小1片分
　黒酢　大さじ1
　しょうゆ、砂糖　各小さじ2
　ラー油　小さじ½〜1
　赤唐辛子の小口切り　少々
　花椒（粗くつぶしたもの）
　　小さじ2
　塩　少々
香菜　適量

❶　鶏肉は洗って水気をしっかりと拭き、塩をまぶしてなじませる。
❷　鍋に❶を入れ、水3カップ、酒を加えて中火にかけ、煮立ったら弱火にし、アクを取りながら15分ほどゆでる。火を止めて落としぶたをしてそのまま冷ます。ゆで汁は野菜スープかけご飯に使うので取っておく。
❸　花椒だれを作る。❷の鍋をきれいにしてAを入れて弱火にかけ、じっくりと炒める。玉ねぎの色が変わってきたら火を止め、塩以外の材料を加えて混ぜ、塩で味を調える。
❹　❷の鶏肉を食べやすい厚さのそぎ切りにして器に盛り、❸をかけ、香菜を添える。

鶏肉は水からゆでる。ゆで汁の中で冷ますと、時間がたってもやわらかなまま。

玉ねぎとにんにくをごま油で炒めて香りと甘みを出し、花椒だれのベースを作る。

野菜スープかけご飯

煮る　鍋φ18cm

材料：2人分
ゆで鶏のゆで汁　3カップ
たけのこ（水煮）　50g
レタス　1枚
きくらげ（戻したもの）　2枚
にんじん　40g
塩、ナンプラー　各少々
ご飯　適量

❶　たけのこ、レタス、きくらげ、にんじんはそれぞれ細切りにする。
❷　鍋にゆで鶏のゆで汁を入れて温め、❶を加え、やわらかくなるまで煮る。塩とナンプラーで味を調える。
❸　器にご飯を盛り、アツアツの❷をかける。

細切りにした具を鶏のゆで汁に入れて野菜スープを作る。

鶏ささ身と豆腐に片栗粉をまぶしてゆでると、口当たりも味もやさしくなります。
梅肉を使ったたれと相性がよく、飽きずにいくらでも食べられるのが魅力。
相方は油揚げの卵とじ。みょうがを入れて香りよく仕上げます。

ささ身と水晶豆腐のオクラ梅だれ

ゆでる　鍋φ22cm

材料：2人分
鶏ささ身　3本
豆腐（木綿または絹ごし）　1丁
塩　2つまみ
片栗粉または葛粉　適量
オクラ梅だれ
　オクラ　6本
　梅肉　1個分
　みりん、薄口しょうゆ　各少々

オクラはゆでてからみじん切りにし、オクラ梅だれに使う。

豆腐は片栗粉をまぶしてゆで、形をくずさないようにして中まで火を通す。

ささ身も片栗粉をまぶしてゆで、中まで火を通す。

❶　豆腐はペーパータオルにのせて軽く重しをし、10分ほど水きりする。
❷　オクラ梅だれを作る。オクラはかたいガクを薄く削り取る。鍋に湯を沸かし、オクラをゆで、水気をきってみじん切りにする。梅肉をたたいてオクラと合わせ、みりん、薄口しょうゆで味を調える。
❸　ささ身は筋をとり、斜めそぎ切りにする。❶の豆腐は6等分に切る。それぞれ塩をふる。
❹　鍋に湯を沸かし、豆腐に片栗粉をまぶして入れ、ゆで、取り出す。続いてささ身に片栗粉をまぶして入れ、ゆでる。
❺　器に盛り合わせ、❷のたれをかける。

油揚げとみょうがの卵とじ

煮る　鍋φ18cm

材料：2人分
油揚げ　1枚
みょうが　2個
卵　2個
だし汁　1/2カップ
塩　2つまみ
薄口しょうゆ　小さじ1/2

❶　油揚げは2cm幅に切る。みょうがは縦4等分に切る。卵は割りほぐす。
❷　鍋にだし汁と油揚げを入れて中火にかけ、フツフツしてきたら弱めの中火にして3分ほど煮る。
❸　みょうがを加えてさっと煮、塩と薄口しょうゆで味を調える。溶き卵を回し入れ、好みの加減に火を通す。

油揚げとみょうがを煮たら、溶き卵を回し入れて火を通す。これで卵とじの完成。

ささ身と水晶豆腐のオクラ梅だれ
＋
油揚げとみょうがの卵とじ

(ゆでる ▶ 炒る 鍋φ22cm)

三色丼

材料：2人分
A 鶏ひき肉　200g
　しょうゆ、酒、砂糖
　　各大さじ1½
　しょうがの搾り汁　小さじ½
絹さや　10枚
卵　1個
砂糖　1つまみ
太白ごま油または米油　少々
ご飯　適量

❶　絹さやは筋を取る。鍋に湯を沸かして塩少々（分量外）を入れ、絹さやをゆで、ザルに上げて冷まし、斜め細切りにする。
❷　❶の鍋をきれいにし、Aをすべて入れて弱火にかけ、ヘラなどで混ぜながら炒りつける。ひき肉がポロポロになってきたら弱めの中火にし、汁気がなくなるまでさらに炒る。
❸　卵は割りほぐして砂糖を混ぜる。❷の鍋をきれいにし、鍋の内側に水がついた状態で油を入れ、卵を加えて弱火にかける。菜箸4本で絶えず混ぜながら火を通し、ポロポロの炒り卵を作る。
❹　器にご飯を盛り、❶、❷、❸をのせる。

絹さやは筋を取ってゆでる。冷めたら斜め細切りにして使う。

鶏ひき肉は調味料とともに鍋に入れて炒り、そぼろ状にする。

卵は箸で絶えず混ぜながら火を通し、そぼろ状にする。

(煮る 鍋φ18cm)

お麩のおつゆ

材料：2人分
一口麩　4個
三つ葉　2〜3本
だし汁　2カップ
A 塩　小さじ⅓
　薄口しょうゆ　小さじ½

❶　三つ葉は5mm〜1cm幅に刻む。
❷　鍋にだし汁を入れて温め、麩を入れてやわらかくなるまで煮る。
❸　Aを加えて味をつけ、火を止める直前に三つ葉を加える。

麩は乾燥したままだし汁に入れ、戻して味を含ませる。

鶏そぼろ、卵そぼろ、ゆで絹さやをご飯にのせた、
定番のご飯。彩りも栄養もそろっているから、
取り合わせるのは、簡単汁もの。
ここでは、下ごしらえのいらない乾燥の麩と
三つ葉を具にささっと仕上げます。

三色丼
＋
お麩のおつゆ

肉加工品がメインの2品献立

蒸し煮　鍋φ22cm

ソーセージとキャベツの蒸し煮

材料：2人分
ソーセージ（好みのもの）　6本
キャベツ　大4枚
オリーブオイル　大さじ1
塩　小さじ½
粒マスタード　小さじ2

❶ キャベツはざく切りにする。
❷ 鍋にキャベツ、オリーブオイル、塩、水大さじ2〜3を入れて落としぶたをし、弱めの中火にかけて蒸し煮する。
❸ キャベツがしんなりとしたらソーセージを加え、さらに5分ほど蒸し煮する。
❹ 器に盛り、粒マスタードを添える。

キャベツを入れたらすぐに落としぶたをして、キャベツがクタッとなるまで蒸し煮する。

キャベツのカサが減ったら、ソーセージを加えてさらに少し煮て、ソーセージに火を通す。

ゆでる ▶ 炒める　鍋φ18cm

ブロッコリーのじゃこ炒め

材料：2人分
ブロッコリー　½個
ちりめんじゃこ　大さじ2
太白ごま油または米油　小さじ1
塩、ナンプラー　各少々

❶ ブロッコリーは小房に分け、茎の部分は厚めに皮をむいて縦薄切りにする。鍋に湯を沸かし、房と茎を入れてかためにゆで、ゆで汁を捨てる。
❷ ❶に油、じゃこを加え、中火にかけて炒める。ブロッコリーに油がなじんだら、塩とナンプラーで味を調える。

ブロッコリーは房だけでなく、茎も薄切りにして一緒にゆでる。

油、じゃこを鍋に加えて炒め、じゃこを全体にからめる。

ソーセージとキャベツの蒸し煮
＋
ブロッコリーのじゃこ炒め

キャベツ自体の水分で蒸し煮するとうまみがギュッと凝縮されて美味。
だから、加える水の量は、ほんの少し。
使うキャベツによって加減するようにします。
副菜は野菜のじゃこ炒め。
炒めものを添えると、満足感のある献立になります。

コンビーフと大豆のカレー
＋
冷やしトマト

すぐにカレーが食べたい！　そんなときにおすすめなのがコンビーフを使ったカレー。煮込む必要のない大豆水煮やオクラを組み合わせ、しょうゆとトマトケチャップが隠し味。湯むきしたトマトを冷蔵庫で冷やして、サイドディッシュにします。

炒める ▶ 煮る　鍋φ22cm

コンビーフと大豆のカレー

材料：2〜3人分
コンビーフ　小1缶
大豆水煮　100g
オクラ　8本
しょうが　1片
にんにく　1片
玉ねぎ　½個
オリーブオイル　小さじ2
A カレー粉　小さじ3
　　ガラムマサラ　小さじ½
B しょうゆ　小さじ1
　　塩　2つまみ
　　トマトケチャップ　小さじ2
ご飯　適量

❶ オクラはかたいガクを薄く削り取る。鍋にたっぷりの湯を沸かし、オクラをさっとゆで、水気をきって1cm幅の小口切りにする。しょうが、にんにく、玉ねぎはみじん切りにする。
❷ 鍋にオリーブオイル、にんにく、しょうが、玉ねぎを入れて中火にかけて炒め、全体にしっとりとしてきたら、**A**を加えてさらに炒める。
❸ 水1½カップを注ぎ入れ、コンビーフを入れてほぐし、大豆を加えて煮る。**B**を加えて味を調え、最後にオクラを入れる。
❹ 器にご飯を盛り、❸をかける。

オクラはさっとゆでて、小口切りにしてからカレーの具にする。

にんにく、しょうが、玉ねぎを炒めたら、カレー粉とガラムマサラを加えて香りを出す。

コンビーフを加えてヘラなどで粗くほぐす。煮ているうちに自然に細かくほぐれる。

ゆでる　鍋φ18cm

冷やしトマト

材料：2人分
トマト　2個
青じそのせん切り　3枚分
塩　適量

❶ トマトは皮に十字の切り目を入れる。鍋にたっぷりの湯を沸かし、トマトを入れ、皮がはじけてきたら、氷水に取って皮をむく。
❷ 食べるまで冷蔵庫に入れておく。
❸ ❷のトマトを薄切りにして器に盛り、青じそをのせ、好みで塩をふる。

氷水に取ると切り目から皮がめくれてきて、手できれいにむける。

肉加工品がメインの2品献立

下ごしらえのいらない素材を取り合わせた、クイックレシピ。
ベーコンは大きめに切ってエリンギと一緒に炒めると、
うまみが全体に行き渡ります。ひじき煮は多めに作って冷蔵庫へ。
飽きずに食べられるようにシンプルに仕上げます。

炒める　鍋φ22cm

ベーコン、エリンギ、豆苗炒め

材料：2人分
ベーコン　3枚
エリンギ　2本(100g)
豆苗　1パック
太白ごま油または米油　小さじ1
塩　適量
薄口しょうゆ　少々
粗びき黒こしょう　適量

❶ ベーコンは大きめの一口大に切り、エリンギは縦薄切りにする。豆苗は2～3等分の長さに切る。
❷ 鍋に油、ベーコン、エリンギを入れ、中火にかけて炒め、塩一つまみをふる。
❸ 豆苗を加えてさらに炒め、豆苗がしんなりとしたら、塩少々と薄口しょうゆで味を調える。
❹ 器に盛り、粗びき黒こしょうをふる。

ベーコンとエリンギを炒め、エリンギにベーコンの脂をなじませるようにする。

豆苗を加える。1パック入れると多いように思うが、火が通るとカサが減る。

煮る　鍋φ18cm

ひじき煮

材料：作りやすい分量
ひじき（戻したもの）　120g
ちくわ　小1本
だし汁　¾カップ
A｜しょうゆ　小さじ1
　｜みりん　小さじ1

❶ ちくわは縦半分に切ってから小口切りにする。
❷ 鍋にひじき、ちくわ、だし汁を入れて中火にかけ、沸騰してきたらAを加え、落としぶたをして弱めの中火で15分ほど煮る。
❸ 煮汁が少なくなって味を含んだら、火を止め、そのまま冷ましながらさらに味を含ませる。

落としぶたをして煮る。味つけはしょうゆとみりん。ちくわからもうまみが出る。

肉加工品がメインの2品献立

ベーコン、エリンギ、豆苗炒め
＋
ひじき煮

雪平鍋で
こんな
ことも……

雪平鍋で、
お粥を炊いてみる

炊いたご飯にだし汁を入れて煮る「雑炊」や「おじや」は、雪平鍋の得意技。では、米から炊く「お粥」はどうなんだろう。そう思って炊いてみたら、ふたがない雪平鍋でも、実においしく炊けました。できたてアツアツのお粥を食べたいときはもちろん、ご飯を炊くのを忘れた、というときにもおすすめ。米がはじけて花が開いたようになるまで、ゆっくり煮るのがポイントです。

材料：2人分
米　½合
水　米の10倍くらい
塩　1つまみ

❶　米は普段通りに洗い、鍋（22㎝）に入れ、分量の水を注ぐ。

❷　中火にかけ、沸騰してくるまでいじらずに。

❸　沸騰してきたら、弱火にする。

❹　できるだけ混ぜないようにして、20～30分炊く。水気がなくなってしまったら、その都度少しずつ加える。

❺　好みのやわらかさになったら、塩を加えてさっと混ぜる。

炊きたてが最高! 梅干しやつくだ煮を添えて、朝ごはんに。

魚介がメインの2品献立

煮る 🍳 鍋φ22cm

ぶり大根

材料：2人分
- ぶり　2切れ
- 大根　400g
- しょうが　1½片
- **A** 酒　1カップ
　　砂糖　⅓カップ
　　しょうゆ　大さじ5

❶　ぶりは3〜4等分に切り、塩少々（分量外）をふって10分ほどおき、ペーパータオルで水気を拭く。大根は3cm厚さの半月切りまたはいちょう切りにし、面取りする。しょうがが1片はせん切りにし、½片は薄切りにする。

❷　鍋に大根、ぶり、しょうがの薄切りの順に入れ、**A**を混ぜ合わせて加え、中火にかける。フツフツしてきたら落としぶたをして、大根がやわらかくなるまで弱めの中火で煮る。

❸　器に盛り、しょうがのせん切りをのせる。

調味料を混ぜ合わせてから加え、落としぶたをして煮ると、味が均一になる。

ゆでる ▶ 炒める 🍳 鍋φ18cm

炒り豆腐

材料：2人分
- 豆腐（木綿）　1丁（300g）
- 干ししいたけ（戻したもの）　1枚
- にんじん　60g
- さやいんげん　4本
- 太白ごま油または米油　小さじ2
- 塩、砂糖　各小さじ1
- 卵　1個

❶　豆腐は4等分にちぎって熱湯で5分ほどゆで、ザルに上げて水気をきる。しいたけは薄切りにし、にんじんはマッチ棒状に切る。さやいんげんは2cm長さに切る。

❷　鍋に❶のしいたけ、にんじん、さやいんげんと油を入れて中火にかけてざっと炒め、豆腐を加えて混ぜながら炒める。全体に水分が飛んで豆腐がポロポロになったら、塩と砂糖で味つけする。

❸　卵を溶きほぐして回し入れ、豆腐にからめながら混ぜ合わせて火を通す。

豆腐はたっぷりの熱湯で下ゆですると、水気が抜ける。

豆腐の水分が飛んでポロポロになるまでよく炒める。

ぶりはもちろんのこと、魚のうまみを吸った黄金色の大根がこれまた美味。
アラを使う場合は、200ｇ程度用意し、さっと湯通しして水で洗ってから煮ます。
昔ながらの定番おかず、炒り豆腐と組み合わせて、純和食の献立に。

> ぶり大根
> ＋
> 炒り豆腐

さばは皮目に十字の切り込みを入れてから
煮るのがポイント。
ときどき煮汁をかけながら煮ると
上からも味が入り、おいしく仕上がります。
大根葉とじゃこ炒めは作っておくと便利。
ご飯に混ぜたり、焼き飯に使っても。

さばのみそ煮
＋
大根葉とじゃこ炒め

煮る 鍋φ22cm

さばのみそ煮

材料：2人分
さば　2切れ
長ねぎ　1本
A　水　½カップ
　　酒　大さじ3
　　しょうゆ　小さじ1〜2
　　砂糖　大さじ1
しょうがのおろし汁　1片分
みそ　大さじ1〜2

煮汁はこの程度の量でOK。皮に切り目を入れて煮ると、味がよくしみる。

❶　さばは皮目に十字に切り目を入れ、塩少々(分量外)をふって10分ほどおき、ペーパータオルで水気を拭く。長ねぎは4〜5cm長さの筒切りにする。
❷　鍋にAを入れて煮立て、さばの皮目を上にして並べ入れ、長ねぎ、しょうがのおろし汁を加える。再び煮立ったら紙ぶたをし、弱めの中火で5分ほど煮る。
❸　紙ぶたを取ってみそを溶き入れ、ときどき煮汁をさばにかけながら、とろみがつくまで煮詰める。

大根葉を炒めたらじゃこを加えてさらに炒め、じゃこのうまみを出す。

ふたつきの器などに入れて食卓へ。ご飯の友にしたり、このまま酒の肴にもなる。

炒める 鍋φ18cm

大根葉とじゃこ炒め

材料：作りやすい分量
大根葉　200g
太白ごま油または米油　小さじ2
じゃこ　½カップ
しょうゆ、みりん　各小さじ1
白炒りごま　適量

❶　大根葉は小口切りにする。
❷　鍋に❶と油を入れて中火にかけて炒め、全体にしっとりとしてきたらじゃこを加えてさらに炒め、しょうゆ、みりんを加えて汁気がなくなるまで混ぜながら炒める。仕上げにごまを加えて混ぜる。
❸　好みでご飯(分量外)にかけて食べる。

煮る　鍋φ22cm

かれいの梅煮

材料：2人分
子持ちかれい　2切れ
ごぼう　80g
A 酒　⅓カップ
　水　大さじ2
　しょうゆ、みりん　大さじ1½
　砂糖　大さじ1
梅干し　1個

❶　かれいは塩少々(分量外)をふって10分ほどおき、ペーパータオルで水気を拭く。ごぼうは皮をよく洗い、細めのささがきにし、水に5分ほどさらし、水気をきる。
❷　鍋にAを入れて煮立て、梅干しを加える。かれいを並べ入れ、再び煮立ったら紙ぶたをして、7～8分煮る。
❸　紙ぶたを取り、ときどき煮汁をかれいにかけながら3分ほど煮、ごぼうを加えて汁気が少なくなるまでさらに煮る。

煮汁をかけながら煮ると、上からも味が入る。煮汁は鍋を傾けながらすくうとやりやすい。

汁気が少なくなるまで煮たらでき上がり。うまみのしみたごぼうも美味。

ゆでる　鍋φ18cm

野菜の白あえ

材料：作りやすい分量
豆腐(絹ごしまたは木綿)　1丁(300g)
こんにゃく　100g
A 薄口しょうゆ　小さじ2
　みりん　小さじ1
にんじん　60g
絹さや　20枚
B 塩　小さじ½
　砂糖　大さじ½
　薄口しょうゆ　小さじ½
　白練りごま　小さじ2

❶　豆腐はザルに入れて重しをのせて20分ほどおき、しっかりと水きりをする。
❷　こんにゃくは3cm長さの細切りにし、鍋に入れて中火にかけ、から炒りする。水分が抜けてチリチリと音がするようになったら、いったん火を止めてAを加え、弱火にかけて味を含ませる。
❸　にんじんは皮をむいてこんにゃくと同じくらいの大きさに切り、ゆでる。絹さやは筋を取ってゆで、斜め細切りにする。
❹　❶をすり鉢に入れてすりこ木でなめらかになるまですり、Bで味をつけ、❷と❸を加えてあえる。

こんにゃくは、から炒りして余分な水分を飛ばし、臭みを抜いてから使う。

にんじんと絹さやは、それぞれ下ゆでしてから、白あえ衣とあえる。

かれいの梅煮
＋
野菜の白あえ

甘辛しょうゆ味のかれいの煮もの、やさしい味わいの白あえの組み合わせ。
煮魚を作るときに梅干しを入れると、身離れがよくなり、
生臭さがなくなってコクが出ます。一緒に煮たごぼうにも味がしっかり入ります。

たらは焼いてから煮ることで煮くずれしにくくなり、
油のコクとうまみが加わっておいしさ倍増。
大根おろしをたっぷり入れるから、
無理なく野菜が食べられます。
副菜はチャチャッと作れる炒めもの。
シンプルな味つけがおすすめです。

油を入れた鍋にたらを入れ、それから火にかけるとくっつきにくい。

たらが煮えたら、汁気をきった大根おろしを加えて仕上げる。

焼く▶煮る 鍋φ22cm

たらのおろし煮

材料：2人分
生たら　2切れ
片栗粉　適量
太白ごま油または米油　小さじ2
Aだし汁　½カップ
　しょうゆ、みりん　各小さじ2
大根おろし　400g
万能ねぎの小口切り　少々

❶　たらは3等分に切り、塩小さじ⅓（分量外）をふって10分ほどおき、ペーパータオルで水気を拭く。片栗粉を表面にまぶす。
❷　鍋に油を入れて❶を並べ、弱火にかけ、油が熱くなってきたら、たらを返し、Aを加えて3分ほど煮る。
❸　大根おろしの汁気をきって❷に加え、ひと煮する。仕上げに万能ねぎを加える。

炒める 鍋φ18cm

せりとしいたけの
ゆず炒め

先にしいたけを炒め、しんなりしたら、せりを加えて炒め合わせる。

材料：2人分
せり　½束
しいたけ　5枚
太白ごま油または米油　小さじ2
塩　ひとつまみ
ナンプラー、ゆずの搾り汁　各小さじ½
ゆずの皮のせん切り　適量

❶　せりは4cm長さに切り、しいたけは石づきを落として軸ごと4等分に切る。
❷　鍋に油としいたけを入れて弱めの中火にかけて炒め、しいたけがしんなりとしたら塩をふり、せりを加えて炒め合わせる。ナンプラーとゆずの搾り汁で味を調える。
❸　器に盛り、ゆずの皮を散らす。

たらのおろし煮
＋
せりとしいたけのゆず炒め

帆立のクリームシチュー
＋
青菜の玉ねぎにんじんドレッシング

2人分のシチューを作るなら雪平鍋で十分。
材料を軽く炒めてからスープで煮、牛乳を入れて仕上げます。
隠し味のみそがポイントです。
ミルク味の主菜に合わせるのは青菜のサラダ。
ほうれん草はゆですぎないように注意し、水気をしっかりと絞ります。

炒める ▶ 煮る　鍋φ22cm

帆立のクリームシチュー

材料：2人分
帆立貝柱　4個
じゃがいも　2個
にんじん　1/2本
玉ねぎ　1個
カリフラワー　1/4個
バター　大さじ1
オリーブオイル　小さじ2
固形スープの素　1/2個
牛乳　1カップ
みそ　小さじ1
塩、こしょう　各少々

❶ 貝柱は半分にそぎ切りにし、塩、こしょう各少々をふる。じゃがいもは皮をむいて一口大に切り、にんじんは皮をむいて乱切りにする。玉ねぎは8等分のくし形に切り、カリフラワーは小房に分ける。
❷ 鍋にバターとオリーブオイルを入れてじゃがいも、にんじん、玉ねぎを加え、中火にかけ、軽く炒める。
❸ 水1カップと固形スープの素を入れ、野菜がやわらかくなるまで弱火で煮込む。
❹ 牛乳、貝柱、カリフラワーを加えてさらに煮、みそ、塩で味を調える。

まずはじゃがいも、にんじん、玉ねぎをバターと油で炒め、全体に油をなじませる。

ゆでる　鍋φ18cm

青菜の玉ねぎにんじんドレッシング

材料：2人分
ほうれん草　5株
A 赤玉ねぎのみじん切り　60g
　 にんじんの皮ごとすりおろし
　　60g
　 塩　小さじ1/2
　 酢　小さじ2
　 こしょう　適量
　 オリーブオイル　大さじ4

❶ 鍋に湯を沸かし、ほうれん草を入れてさっとゆで、ザルに広げて水気をきる。
❷ Aは混ぜ合わせる。
❸ ほうれん草を食べやすい長さに切って水気をしっかりと絞り、器に盛り、❷を適量かける。

ほうれん草は茎の方から熱湯に入れ、葉の方を熱湯の中に沈ませ、色よくゆでる。

炒める ▶ 煮る　鍋φ22cm

かじきのチリソース煮

材料：2人分
かじき　2切れ
塩、こしょう　各少々
片栗粉　適量
玉ねぎ　½個
トマト　小2個
しょうが、にんにく　各小1片
太白ごま油または米油　大さじ2
豆板醤　小さじ1〜2
A 中華スープの素　小さじ½
　　ナンプラー、薄口しょうゆ
　　　各小さじ½
酢　大さじ1

❶　かじきは一口大に切り、塩少々(分量外)をふって10分ほどおき、ペーパータオルで水気を拭く。新たに塩、こしょうをふって片栗粉をまぶしつける。
❷　玉ねぎは粗みじん切りにし、トマトはくし形に切る。しょうが、にんにくはみじん切りにする。
❸　鍋に油、玉ねぎ、しょうが、にんにくを入れて弱めの中火にかけ、香りが立つまで炒め、豆板醤を加えてさらに炒める。
❹　❶を並べ入れ、水160mlを加え、煮立ってきたら**A**を入れて3分ほど煮る。全体にとろみがついてきたら、トマトと酢を入れてひと煮する。

香味野菜を炒めて豆板醤で辛みをつけたら、かじきを入れ、水分を加えて煮る。

仕上げに生のトマトを加えてさっと煮たら完成。トマトの代わりにミニトマトでも。

ゆでる　鍋φ18cm

緑野菜の温サラダ

材料：2人分
さやいんげん　8本
絹さや　10枚
オクラ　6本
A マヨネーズ　大さじ2
　　しょうゆ　少々

❶　さやいんげんはヘタを切り、絹さやは筋を取る。オクラはかたいガクを薄く削り取り、塩少々(分量外)で軽く板ずりする。
❷　鍋に湯を沸かし、❶を順にゆで、ザルに上げる。
❸　水気をきって器に盛り、**A**を混ぜ合わせて添える。

さやいんげん、絹さや、オクラは順にゆでていく。網じゃくしがあると便利。

かじきのチリソース煮
＋
緑野菜の温サラダ

玉ねぎ、しょうが、にんにく、
豆板醤の炒めた香りが身上のチリソースで、
かじきを煮ます。
仕上げにトマトを入れると甘さと
フレッシュ感が加わって味が締まります。
箸休めには、色鮮やかなゆで野菜に
マヨネーズを添えて。

ヤムウンセン（タイ風春雨サラダ）
＋
なすときのこのココナッツカレー煮

ヤムウンセンは、ナンプラー、ライムとレモン汁、
砂糖、赤唐辛子で味つけした、
タイの定番サラダ。
具材を雪平鍋で次々にゆでていき、
あとはあえるだけだから、思いのほか**簡単**。
ココナッツミルクを使った
カレー煮を添えてエスニック献立に。

鍋に湯を沸かし、春雨をゆでる。春雨は弾力のある緑豆春雨がおすすめ。

むきえび、ひき肉も順にゆで、ボウルに加えていくと効率がいい。

- ゆでる　鍋φ18cm

ヤムウンセン
（タイ風春雨サラダ）

材料：2人分
緑豆春雨（乾燥）　50g
むきえび　中8尾
赤玉ねぎ　¼個
セロリ　⅓本
豚ひき肉　100g
A ナンプラー　大さじ1½
　砂糖　大さじ1〜1½
ライム、レモン　各½個
青唐辛子の小口切り　1本分
香菜のざく切り　2株分

❶　えびは背わたがあれば取り、片栗粉少々（分量外）をまぶして手でもみ、水で洗い流す。
❷　赤玉ねぎ、セロリは薄切りにし、ボウルに入れる。
❸　鍋に湯を沸かして春雨をゆで、ゆで汁をきって❷のボウルに加え、キッチンバサミで食べやすい長さに切る。同じ熱湯でえびをゆで、ゆで汁をきってボウルに加える。続いて、ひき肉をゆで、ゆで汁をきってボウルに加える。ひき肉は手つきのザルに入れ、そのまま熱湯に浸して箸でほぐしながらゆでるとやりやすい。
❹　❸のボウルに**A**を加え、ライムとレモンの果汁を搾り入れ、青唐辛子と香菜の軸を加えてあえる。仕上げに香菜の葉を加える。

- 炒める ▶ 煮る　鍋φ22cm

なすときのこの
ココナッツカレー煮

材料：2人分
なす　3本
しめじ　½パック
にんにく　1片
太白ごま油または米油　大さじ1
カレー粉　大さじ1
ココナッツミルク（缶詰）　1カップ
塩　2つまみ
ナンプラー　小さじ2

❶　なすは一口大に切り、しめじは小房に分ける。にんにくはみじん切りにする。
❷　鍋に油と❶を入れて中火にかけて炒め、全体に油がからんだら、カレー粉をふり入れてさらに炒め、水160mlを注ぎ入れて煮る。
❸　ココナッツミルクを加えて全体になじませ、塩とナンプラーで味を調える。
❹　器に盛り、好みでご飯（分量外）を添える。

カレー粉を加えたら油となじませて香りを出し、それから水分を入れる。

いかとセロリのナンプラー炒め
＋
厚揚げのキムチ煮

いかとセロリを使ったさっと炒め、
厚揚げと白菜キムチを使ったコトコト煮の
組み合わせ。
炒めものは、火を通しすぎると
いかがかたくなるので手早く。
キムチ煮は、それぞれの食材にうまみがあるので、
味つけは最後にしょうゆを入れるだけ。

炒める　鍋φ22cm

いかとセロリのナンプラー炒め

材料：2人分
いか　1ぱい
セロリ　1本
しょうが　1片
太白ごま油または米油　大さじ1
塩　1つまみ
粗びき黒こしょう　適量
ナンプラー　小さじ1/3
レモンの搾り汁　少々

❶　いかは胴と足に分け、胴はワタと軟骨を除いて皮つきのまま輪切りにする。足は食べやすい長さに切る。セロリは薄い短冊切りにし、葉も少しだけざく切りにする。しょうがはせん切りにする。
❷　鍋に油といか、しょうがを入れて弱火にかけて炒め、いかの色が白っぽくなったらセロリを加えて中火で炒め合わせる。
❸　塩、こしょう、ナンプラーで味を調え、火を止めてレモンの搾り汁を加える。

油がまだ冷たいうちに、いかとしょうがを入れて炒めはじめると、油ハネしない。

煮る　鍋φ18cm

厚揚げのキムチ煮

材料：2人分
厚揚げ　1枚
白菜キムチ　100g
だし汁　1/2カップ
豚ひき肉　80g
しょうゆ　小さじ1

❶　厚揚げは一口大に切り、キムチはざく切りにする。
❷　鍋にだし汁と❶、ひき肉を入れて中火にかけ、ひき肉を軽くほぐしながら煮はじめる。煮立ったら弱めの中火にし、1〜2分煮る。しょうゆで味を調える。

少しクツクツしている状態で煮て、厚揚げに味をなじませる。

大豆製品がメインの2品献立

> 煮る 鍋φ22cm

肉団子豆腐

材料：2人分
豆腐(木綿または絹ごし) 1丁
長ねぎ 2本
A 豚ひき肉 150g
　長ねぎ(青い部分)の
　　粗みじん切り 1本分
　塩 2つまみ
　しょうゆ 小さじ1
　片栗粉 小さじ1
だし汁 1½カップ
しょうゆ、みりん 各大さじ1½

肉団子と長ねぎを煮ている鍋に豆腐を加え、味がしみ込むまでクツクツと煮る。

❶ 豆腐は重しをして20分ほど水きりする。長ねぎは1cm幅の斜め切りにする。
❷ ボウルにAを入れて混ぜ合わせる。
❸ 鍋にだし汁を入れて温め、❷を団子状に丸めて入れ、5分ほど中火で煮る。長ねぎを加えて少し煮る。
❹ 豆腐を一口大に切って加え、しょうゆ、みりんを入れ、落としぶたをして15分ほど煮る。

> 炒める 鍋φ18cm

切り干し大根とじゃこ炒め

材料：2人分
切り干し大根(戻したもの) 150g
にんじん ⅓本
太白ごま油または米油 大さじ1
塩 小さじ⅓
ちりめんじゃこ 大さじ2
ナンプラー 少々

❶ 切り干し大根は食べやすい長さに切り、軽く水気を絞る。にんじんはやや太めのせん切りにする。
❷ 鍋に油と❶を入れ、中火にかけて炒める。全体に油がなじんだら塩を加え、じゃこを加えてざっと炒める。ナンプラーで味を調える。

切り干し大根とにんじんを炒め、じゃこを加えて仕上げる。塩とナンプラーで味つけ。

肉団子豆腐
＋
切り干し大根とじゃこ炒め

メインは、豆腐、肉団子、長ねぎを
甘辛しょうゆ味でクツクツ煮込んだ、みんなの好きなおかず。
肉団子のタネには長ねぎの青い部分も入れて仕上げます。
切り干し大根の炒めものは、いつもの煮ものとはまた違ったおいしさです。

しょうゆ味の煮汁がじんわりしみた豆腐は、やさしい味わい。
温かいご飯にのせて香味野菜とじゃこをトッピングすれば、心も体もほっとなごみます。
取り合わせるのは、ひき肉を使った豚汁。
冷蔵庫にある野菜を3～4種使って作ります。

煮る　鍋φ18cm

煮やっこ丼

材料：2～3人分
豆腐（木綿または絹ごし）　1丁
だし汁　1カップ
しょうゆ　小さじ2
ご飯　適量
A 青じそのせん切り、
　しょうがのせん切り、
　みょうがの小口切り、
　長ねぎの小口切り、
　ちりめんじゃこ　各適量

① 豆腐はザルやペーパータオルにのせて軽く水きりする。
② 鍋にだし汁、しょうゆを入れて煮立て、豆腐を入れ、温めながら味を含ませる。
③ 器にご飯を盛り、豆腐を適量ずつお玉ですくってのせ、Aをのせる。

煮汁の中に豆腐を切らずに入れ、このまま煮て味を含ませる。しょうゆの量は好みで加減してよい。

炒める ▶ 煮る　鍋φ22cm

豚汁

材料：2～3人分
豚ひき肉　80g
キャベツ　2枚
大根　3cm
にんじん　⅓本
長ねぎ　10cm
ごま油　小さじ2
だし汁　3カップ
みそ　大さじ2
塩、しょうゆ　各少々

① キャベツ、大根は1cm角に切り、にんじんは薄いいちょう切りにする。長ねぎは1cm幅の小口切りにする。
② 鍋にごま油とひき肉を入れ、弱火で炒める。ひき肉がほぐれてきたら①を加えて中火で軽く炒め合わせ、だし汁を注いで煮る。
③ 野菜に火が通ったらみそを溶き入れ、塩としょうゆで味を調える。

ひき肉と野菜を炒めてうまみと香りを出す。これでコクのある仕上がりになる。

だし汁を加えて煮て、みそを溶き入れる。だし汁がなければ水でもOK。

煮やっこ丼 ＋ 豚汁

煮る 🍳 鍋φ22cm

袋煮

材料　2人分
油揚げ　4枚
A 鶏ひき肉　60g
　長ねぎのみじん切り　大さじ½
　片栗粉　小さじ1
　塩　小さじ¼
　ナンプラー　小さじ¼
卵　4個
切り餅　2個
だし汁　2カップ
塩　小さじ½
薄口しょうゆ　小さじ1

油揚げの半量に、ひき肉ダネと生卵を入れ、生卵をこわさないようにして楊枝で止める。

残りの油揚げには切り餅を入れ、楊枝で止める。ご飯がなくても主食代わりになる。

落としぶたをして煮て、油揚げを煮含め、中の具にも火を通す。切り餅がやわらかくなったら火を止める。

❶　油揚げは半分に切り、袋状に開く。Aは混ぜ合わせる。切り餅は半分に切る。
❷　油揚げの半量を小さい容器に入れて口を開き、Aの¼量を入れ、卵を割り入れ、楊枝で止める。これを4個作る。残りの油揚げには切り餅をひとつずつ入れ、楊枝で止める。
❸　鍋にだし汁を入れて温め、塩と薄口しょうゆで味をつけ、❷を楊枝で止めた部分を上にして入れる。落としぶたをして10分ほど煮る。

炒る 🍳 鍋φ18cm

酢れんこん

材料：2人分
れんこん　100g
A 酢　大さじ2
　砂糖　大さじ1
　塩　小さじ½
赤唐辛子　1本

れんこんは少しフツフツしている状態で味を含ませる。乱切りにすると、れんこんの食感が楽しめる。

❶　れんこんは皮をむいて一口大の乱切りにし、5分ほど水にさらし、水気をきる。
❷　鍋に❶とAを入れて中火にかける。フツフツしてきたら、ときどき混ぜながら汁気がなくなるまで炒り、れんこんに味を含ませる。途中、赤唐辛子を加える。

袋煮
＋
酢れんこん

袋煮は、ひき肉＆卵、切り餅の2種類。
どちらもジューシーな油揚げとの相性は抜群。
ひとつの鍋で一緒に煮ることができるので、
とっても手軽です。副菜は、甘酢味のれんこん。
シャキッとした歯ごたえを楽しみます。

いなりずし
＋
ふきと豚肉の炒めもの

油揚げは湯通ししてから煮ると、すっきりとした味に仕上がります。
多めに煮ておき、きつねうどんなどにしてもいいですね。
相方は、塩味の炒めもの。薄切り肉と水煮のふきを使ってチャチャッと作ります。

煮る　鍋φ22cm

いなりずし

材料　2人分
油揚げ　4枚
A だし汁　1½カップ
　砂糖、しょうゆ　各大さじ1½
ご飯（温かいもの）　1合分
すし酢　大さじ2～3
白炒りごま　大さじ1
青じそのせん切り　3枚分

❶　油揚げは半分に切って袋状に開く。鍋に湯を沸かして油揚げを入れ、さっと湯通しする。ザルに上げて冷まし、水気をきる。
❷　鍋に❶を少しずつずらしながら並べ入れ、**A**を加えて中火にかけ、沸騰したら、落としぶたをして弱めの中火で煮汁がなくなるまで15分ほど煮る。火を止めてそのまま冷ます。
❸　ご飯にすし酢を加えてさっくりと混ぜてすしめしを作り、ごまと青じそを混ぜる。8等分にしてざっとまとめる。
❹　❷の油揚げの汁気を軽くきり、❸を詰めて口を折り、形を整える。

油揚げは油抜きをして使う。余分な油が抜けてベタッとしない。

だし汁、砂糖、しょうゆで油揚げを煮る。砂糖としょうゆの量は好みで加減しても。

ごまと青じそ入りの酢めしを詰める。青じそだけでもよい。

炒める　鍋φ18cm

ふきと豚肉の炒めもの

材料：2人分
ふき（水煮）　150g
豚肩ロース薄切り肉　120g
太白ごま油または米油　小さじ1
塩　2つまみ
薄口しょうゆ　小さじ½
白半ずりごま　適量

❶　ふきは食べやすい長さの斜め切りにし、豚肉は一口大に切る。
❷　鍋に油と豚肉を入れて弱火にかけ、豚肉がチリチリとしてきたらひっくり返し、塩をふる。
❸　ふきを加えて炒め合わせ、薄口しょうゆで味を調え、ごまを加えて混ぜる。

仕上げにごまを加え、香りよく仕上げるのがポイント。

炒める　鍋φ22cm

厚揚げと野菜のみそ炒め

材料：2人分
厚揚げ　1枚
たけのこ（水煮）　80g
さやいんげん　8本
きくらげ（戻したもの）　大2枚
A｜みそ　大さじ1½
　｜酒、砂糖　各大さじ1
　｜しょうゆ　小さじ1
太白ごま油または米油　大さじ1
塩　1つまみ

① 厚揚げは大きめの一口大に切る。たけのこは一口大の薄切りにし、さやいんげんは食べやすい長さに切る。きくらげは1cm幅に切る。
② Aは混ぜ合わせる。
③ 鍋に油と厚揚げを入れて弱火にかけ、焼きつけるようにして炒め、たけのこ、さやいんげんを加えて塩をふり、炒め合わせる。
④ きくらげを加えてざっと混ぜ、②を加えて味をからめながら炒める。

厚揚げは焼きつけるようにして炒めて香ばしさを出し、そのあと野菜と調味料を加えて炒め合わせる。

炒る　鍋φ18cm

たらこしらたき

材料：作りやすい分量
しらたき　1パック
たらこ　40g
酒　大さじ1
みりん、薄口しょうゆ　各少々

① たらこは薄皮をはずす。
② しらたきは食べやすい長さに切り、鍋に入れて中火にかけ、水気がなくなるまでよく炒りつける。
③ 酒、たらこを加えてさらに炒る。たらこに火が通り、全体に混ざったら、みりんと薄口しょうゆで味を調える。

しらたきはよく炒って水気をしっかりと飛ばす。これがおいしさのポイント。

よく炒ったしらたきに酒とたらこを加え、たらこに火が通るまで混ぜながら炒る。

厚揚げと野菜を甘辛みそで炒めると、味にボリュームが出て、
肉や魚がなくっても、ご飯がすすむおかずになります。
塩味のおかずを添えて献立に。ここでは、たらこを使った常備菜を作ります。

厚揚げと野菜のみそ炒め
＋
たらこしらたき

雪平鍋で、混ぜご飯の素を作りおき

きのこ鶏

材料：作りやすい分量
えのきだけ　大1袋
鶏もも肉　小1枚
太白ごま油または米油
　小さじ1
A｜酒、しょうゆ　各大さじ2
　｜砂糖　各小さじ2

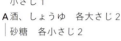

❶　えのきだけは2cm長さに切る。鶏肉は洗って水気を拭き、余分な脂を取って細かく切る。
❷　鍋に油と❶を入れて弱火で炒め、えのきだけから水気が出てきたら中火にし、Aを加えて汁気がなくなるまで炒める。

えびきんぴら

材料：作りやすい分量
えび（ブラックタイガー）　8尾
太白ごま油または米油
　小さじ1
しょうがのせん切り　小1片
A｜酒　大さじ1
　｜みりん　小さじ1
　｜薄口しょうゆ　大さじ½

❶　えびは殻と背ワタを取って塩水で洗い、水気を拭き、細かく切る。
❷　鍋に油とえびを入れて弱火で炒め、しょうが、Aの順に加えて中火にし、汁気がなくなるまで炒める。

時間のあるときにちょっとしたご飯の素を仕込んでおくのが、わたしの家事コツ。そんなときにフル稼働するのが、片手で持てて、軽くて、洗うのも苦にならない、雪平鍋。一気に何品か作って常備菜として冷蔵庫に入れておくと、すぐに混ぜご飯ができます。

ひき肉ひじき炒め

材料：作りやすい分量

ひじき（戻したもの） 200g
豚ひき肉 100g
太白ごま油または米油
　小さじ1
A しょうゆ 大さじ2
　砂糖 大さじ1

❶ ひじきは水気をきる。
❷ 鍋に油とひき肉を入れて中火で炒め、ひき肉がほぐれてきたら❶を加えて炒め合わせ、**A**を加えて味をなじませる。

なすいんげん炒め

材料：作りやすい分量

なす 2本
さやいんげん（やや細め） 20本
にんにくのみじん切り 1片分
黒オリーブ 5個
オリーブオイル 大さじ2
塩 小さじ½〜1

❶ なすは1cm角に切り、水に5分さらして水気をきる。さやいんげんは1cm幅に切る。オリーブは薄い輪切りにする。
❷ 鍋にオリーブオイルとにんにくを入れて弱火で炒め、香りが立ったらなすとさやいんげんを加えて炒め合わせ、半量の塩をふる。オリーブを混ぜ、塩で味を調える。

野菜がメインの2品献立

丸ごとのピーマンとツナを雪平鍋に入れて、
煮汁を加えてコトコト煮るだけ。
ピーマンを一口食べると
煮汁がじんわりしみ出て、しみじみおいしい！
副菜は、ベーコンのうまみが効いた卵炒め。
どちらも絶品簡単おかずです。

ピーマンを丸ごと鍋に入れ、ツナを加える。ツナはフレークタイプではないもので。

落としぶたをして煮ることで、ピーマンの中までしっかりと煮ることができる。

煮る　鍋φ18cm

ピーマンとツナの丸ごと煮

材料：2人分
ピーマン　6個
ツナ　½缶
だし汁　1カップ
A　薄口しょうゆ　小さじ2
　　砂糖　小さじ1

❶　鍋にピーマンを並べ入れ、ツナを缶汁ごと入れ、だし汁とAを加えて中火にかける。
❷　煮立ってきたら落としぶたをし、弱めの中火で20分ほど煮る。

炒める　鍋φ22cm

ニラ、ベーコン、卵炒め

オリーブオイルとベーコンを入れて火にかけ、ベーコンからも脂を出す。これがうまみになる。

材料：2人分
ニラ　½束
玉ねぎ　½個
ベーコン　2枚
卵　2個
オリーブオイル　大さじ2
塩、粗びき黒こしょう　各適量

❶　ニラは4cm長さに切り、玉ねぎは1cm幅に切ってほぐす。ベーコンは2cm幅に切る。卵は割りほぐし、塩1つまみを加えて混ぜる。
❷　鍋にオリーブオイルを入れてベーコンを広げて入れ、弱火にかける。ベーコンから脂が出てきたら玉ねぎを加え、透き通るまで中火で炒める。
❸　卵液をいっきに流し込み、大きく混ぜながら火を通し、ほぼ火が通ったらニラを加えてひと炒めする。塩、こしょうで味を調える。

ピーマンとツナの丸ごと煮
＋
ニラ、ベーコン、卵炒め

かぶとベーコンのバター煮
＋
菜飯

旬のおいしい葉つきのかぶでぜひ作りたい、ヘルシー献立。
かぶはベーコンと取り合わせてやさしい味のバター煮にし、
かぶの葉はゆでて塩もみして混ぜご飯に。
かぶの葉がないときは大根の葉や小松菜でも。

煮る 鍋φ22cm

かぶとベーコンの バター煮

材料：2人分
かぶ　4個
ベーコン（ブロック）　60g
バター　30g
塩　小さじ¼

❶　かぶは皮つきのまま縦半分に切る。大きいものは4つ割りにする。ベーコンは1cm角、4cm長さに切る。
❷　鍋に❶と水1カップ、バターを入れて中火にかけ、煮立ったら落としぶたをして弱めの中火で10分ほど煮る。塩で味を調える。
❸　器に盛り、好みでしょうゆ少々（分量外）をかける。

かぶとベーコンを鍋に入れ、水とバターを加えて煮はじめる。

かぶがやわらかくなったらでき上がり。煮すぎると煮くずれしてしまうので注意。

ゆでる 鍋φ18cm

菜飯

材料：作りやすい分量
かぶの葉　4個分
塩　適量
ご飯（温かいもの）　適量

❶　鍋に湯を沸かし、かぶの葉を入れてさっとゆで、ザルに上げて水気をきる。
❷　❶を小口切りにしてボウルに入れ、塩を混ぜて10分くらいおき、水気をしっかりと絞る。
❸　ご飯に❷を適量混ぜる。

かぶの葉は長いままさっとゆで、そのあと刻んで使う。

白菜の詰め詰め煮
＋
長ねぎマリネ

雪平鍋に白菜をぎゅうぎゅうに詰め込んで、薄切り肉をはさみ込んで、あとはコトコト煮ればいいだけ。火が通って白菜がクタクタになるとカサが減り、2人でも食べきれる量に。煮ている間に長ねぎのマリネを作ります。

煮る　鍋φ22cm

白菜の詰め詰め煮

材料：2人分
白菜　¼個
豚バラ薄切り肉(しゃぶしゃぶ用)　180g
干ししいたけ(戻したもの)　2枚
干ししいたけの戻し汁＋水
　合わせて160mℓ
きくらげ(戻したもの)　大3枚
塩　小さじ1
酒　大さじ2
ごま油　大さじ1½

❶　白菜は鍋の高さに合わせて5cm幅くらいに切る。豚肉は3〜4等分に切る。しいたけは薄切りにし、きくらげは細切りにする。
❷　鍋に白菜を切り口を上にして隙間なく詰め、葉と葉の間に豚肉をはさみ込むようにして、全体に入れ、しいたけの戻し汁と水を注ぎ入れる。
❸　塩をふり、しいたけときくらげを上に散らすようにしてのせ、酒とごま油を回しかける。落としぶたをして、弱めの中火で20分ほど煮る。

豚肉を押し込むようにして白菜の間にはさむ。この豚肉がうまみになる。

白菜がクタッとなってカサが減ったらでき上がり。煮汁ごと器に盛りつける。

ゆでる　鍋φ18cm

長ねぎマリネ

材料：2人分
長ねぎ　1本
Ａ　レモンの搾り汁　1個分
　　塩　小さじ¼
　　粗びき黒こしょう　少々

❶　長ねぎは4cm長さに切る。
❷　鍋に湯を沸かし、❶を入れてゆで、ザルに上げて水気をきる。
❸　バットに❷を並べ入れ、Ａを加えてあえ、味がなじむまでおく。

長ねぎは白い部分だけでなく青い部分も使う。太めの長ねぎを使うのがおすすめ。

野菜のもつ水分で煮るから、うまみたっぷり。
野菜の水分によってはスープのように汁気が出ることもあるので、
その場合は煮詰めて仕上げます。
煮ている間にマッシュポテトを作り、
温かいうちに煮込みに添えて食べると最高！

なす、ズッキーニ、パプリカは炒めて甘みを引き出す。そのあと煮込むと野菜のうまみたっぷりに仕上がる。

夏野菜の煮込み

材料：作りやすい分量
なす　2本
ズッキーニ　1本
パプリカ(赤・黄)　各½個
トマト　2個
にんにく　1片
オリーブオイル　大さじ3
塩　小さじ½

❶　なすはヘタを取って一口大の乱切りにする。ズッキーニは1cm厚さの輪切りにし、パプリカ、トマトは一口大のざく切りにする。にんにくは薄切りにする。

❷　鍋ににんにくとオリーブオイルを入れて弱火にかけ、にんにくの香りが立ったら、なす、ズッキーニ、パプリカを入れてざっと炒め合わせる。

❸　トマトを加えてざっと炒め、水½カップを注ぎ入れ、フツフツしてきたら、落としぶたをして弱めの中火で15〜20分煮る。塩で味を調える。

バターと牛乳でのばして、なめらかなマッシュポテトにする。好みで生クリームを加えても。

マッシュポテト

材料：2人分
じゃがいも　2個
バター　大さじ3
牛乳　1カップ
塩　適量

❶　じゃがいもは皮をむいて一口大に切り、かぶるくらいの水とともに鍋に入れてゆでる。やわらかくなったらゆで汁を捨て、マッシャーやフォークでつぶす。

❷　❶を弱めの中火にかけ、バターと牛乳を少しずつ加えながら、なめらかにのばしていく。

❸　塩で味を調える。バターに塩味があるので、味見をしてから塩を入れるといい。

夏野菜の煮込み
＋
マッシュポテト

まずはかぼちゃと玉ねぎを炒めて、野菜の甘みを引き出す。

スティックミキサーまたはミキサーで撹拌してなめらかな状態にする。

炒める ▶ 煮る　鍋φ22cm

かぼちゃのポタージュ

材料：2人分
かぼちゃ　1/8個
玉ねぎ　1/4個
バター　大さじ1
牛乳　2カップ
塩　少々
生クリーム　適量

❶　かぼちゃはワタと種、皮を除いて2cm角に切る。玉ねぎも薄切りにする。
❷　鍋に❶、バターを入れて中火にかけて炒め、バターが全体になじんだら、水1/2カップを加える。再び煮立ったら弱火にし、かぼちゃがやわらかくなるまで煮る。
❸　半量の牛乳を加え、スティックミキサーまたはミキサーに移し、なめらかになるまで撹拌する。ミキサーの場合は鍋に戻す。残りの牛乳を加えて再び火にかけて温める。塩で味を調える。
❹　器に盛り、生クリームをたらす。

ゆでる　鍋φ18cm

ミモザサラダ

卵は湯に入れてゆでる。ここではかたゆでにしたいので7〜8分ほどゆでる。

材料：2人分
卵　2個
レタス　1/4個
サラダ菜　4〜5枚
A　塩　2つまみ
　　粗びき黒こしょう　適量
　　ワインビネガー　小さじ2
　　オリーブオイル　大さじ2

❶　鍋に湯を沸かし、卵を入れて火を弱めて7〜8分ゆで、冷水にとって冷まし、殻をむく。白身と黄身に分け、白身は包丁で細かく刻む。黄身はザルで漉す。
❷　レタスとサラダ菜は食べやすい大きさにちぎる。
❸　❷を合わせて器に盛り、Aを混ぜ合わせてかける。白身、黄身の順にのせる。

かぼちゃのポタージュ
＋
ミモザサラダ

かぼちゃと玉ねぎをバターで炒めてからやわらかく煮、牛乳を加えて
ポタージュに仕立てます。口当たりはクリーミーですが、栄養はたっぷり。
そんなスープの相方は、ゆで卵と葉野菜のサラダ。体の調子が整います。

温野菜の豚肉あん
＋
五目おから

主役はゆで野菜、でも、豚肉あんをかけると
立派な主菜になって、
ご飯がもりもり食べられます。
副菜は食物繊維たっぷりのあさり入りの五目おから。
あさりから塩味が出るので、
味見してから調味料を加えるようにします。

ゆでるときはブロッコリーを先に。里芋はゆでるとゆで汁にぬめりが出るので、あとで。

豚肉を煮たら、水溶き片栗粉を回し入れてとろみをつける。これで、あんの完成。

ゆでる ▶ 煮る　鍋φ18cm

温野菜の豚肉あん

材料：2人分
豚薄切り肉　150g
里芋　2個
ブロッコリー　½個
A　塩　2つまみ
　　しょうゆ、オイスターソース
　　　各小さじ1
　　砂糖　2つまみ
片栗粉　大さじ1

❶　豚肉は細切りにする。里芋は皮をむいて食べやすい大きさに切る。ブロッコリーは小房に分け、茎の部分は皮をむいて1〜2cm幅に切る。
❷　鍋に湯を沸かし、ブロッコリー、里芋の順にゆで、それぞれザルに上げて水気をきる。
❸　鍋に水160mlと豚肉を入れて火にかけ、煮立ったらアクをとり、Aを加えて味をつける。片栗粉を倍量の水で溶いて回し入れ、とろみをつける。
❹　❷の野菜を合わせて器に盛り、❸のあんをかける。

ゆでる ▶ 炒る　鍋φ22cm

五目おから

材料：作りやすい分量
おから　200g
あさり（殻つき。砂出し済みのもの）
　300g
だし汁　½カップ
干ししいたけ（戻したもの）　2枚
にんじん　20g
しょうが　½片
青ねぎ　1〜2本
酒　¼カップ
塩、薄口しょうゆ　各適量

❶　あさりは殻をすり合わせて洗い、水1カップとともに鍋に入れて中火にかける。殻が開いたら、汁とあさりに分け、あさりは殻から身を取り出す。汁はだし汁と合わせておく。
❷　しいたけは薄切りにし、にんじんは3cm長さの細切りにする。しょうがはせん切りにし、青ねぎは小口切りにする。
❸　鍋におからを入れて中火にかけて炒る。全体に水気がなくなってパラパラとしてきたら、しいたけ、にんじん、酒を加えて混ぜ、❶の汁を少しずつ加えながら、しっとりとするまで炒りつける。
❹　あさりを加え、塩と薄口しょうゆで味を調え、しょうがと青ねぎを入れて仕上げる。

あさりは殻が開くまでゆでる。ゆで汁もうまみたっぷりなので捨てずに使う。

あさりの汁とだし汁を合わせて少しずつ加え、しっとりとした感じに仕上げる。

じゃがいもは、ゆでてからさらに水分を飛ばして、ほくほくの粉吹きいもにする。

鍋の中で、粉吹きいもに具と調味料を混ぜて、ポテトサラダを仕上げる。

```
ゆでる ▶ あえる   鍋φ18cm
```

粉吹きいものポテトサラダ

材料：2〜3人分
じゃがいも　4個
赤玉ねぎ　¼個
アンチョビー　8枚
ケイパー　大さじ2
黒オリーブ　10個
ワインビネガー　小さじ2
塩、黒こしょう　各少々
パセリのみじん切り　適量

❶ じゃがいもは皮をむいて大きめの一口大に切る。赤玉ねぎは7〜8mm角に切る。アンチョビーは粗く刻み、ケイパーは粗みじん切りにする。オリーブは半分に切る。

❷ 鍋にじゃがいもを入れて水からゆで、ゆで汁を捨てる。再び中火にかけて水分を飛ばして粉吹きいもにする。

❸ 火を止め、熱いうちに玉ねぎとアンチョビーを加えて混ぜ、粗熱がとれたら、ケイパー、オリーブ、ワインビネガー、こしょうを加えて混ぜ合わせる。塩で味を調える。

❹ 器に盛り、パセリを散らす。

さやいんげんは長いままゆでる。ゆでてから切った方が水っぽくならない。

味つけの要はしょうゆと粒マスタード。鍋の中でさっとあえて味をなじませる。

```
ゆでる ▶ 炒める   鍋φ22cm
```

帆立といんげんのマスタードじょうゆ炒め

材料：2人分
帆立貝柱　3個
さやいんげん　12本
オリーブオイル　大さじ1
A にんにくのすりおろし　少々
　 しょうゆ　小さじ1½
　 塩　2つまみ
　 粒マスタード　小さじ2

❶ 貝柱は3等分の薄切りにする。さやいんげんはヘタを切り落とす。

❷ 鍋に湯を沸かし、さやいんげんを入れてゆでる。水気をきり、斜めに2〜3等分に切る。

❸ 鍋にオリーブオイル、❷を入れて中火にかけ、軽く炒め、貝柱を加えてさっと炒め合わせる。Aを加えて味をつける。

粉吹きいものポテトサラダ
＋
帆立といんげんの
マスタードじょうゆ炒め

雪平鍋で粉吹きいもを作り、アンチョビー、
ケイパー、黒オリーブなどを入れて
大人味のポテトサラダを作ります。
もう一品は、マスタードとしょうゆを効かせた
炒めもの。ご飯だけでなく、
ビールやワイン、焼酎にも合う献立です。

野菜と卵の水餃子
＋
ひき肉とひじきの混ぜご飯

小松菜と卵、きくらげを具にしたぎょうざは、軽い食べ心地。
雪平鍋でさっとゆでて、アツアツのところをいただきます。
もう一品は、混ぜご飯。
作りおきのひき肉ひじき炒めを、温かいご飯に混ぜれば完成です。

炒める ▶ ゆでる 鍋φ22cm

野菜と卵の水餃子

材料：皮1袋（24個）分

小松菜　3株
卵　1個
塩　1つまみ
太白ごま油または米油　少々
きくらげ（戻したもの）　3枚
餃子の皮　1袋（24枚）
A 長ねぎのみじん切り　10cm分
　黒酢　大さじ2
　しょうゆ　大さじ1
　ごま油　大さじ2

❶ 卵は割りほぐし、塩を混ぜる。鍋の内側を水でぬらし、油と卵液を入れて弱火にかけ、菜箸4本で混ぜながら火を通し、炒り卵にする。
❷ 小松菜は葉と軸に分ける。鍋に湯を沸かし、まずは軸を入れ、少ししたら葉を加えてゆでる。ザルに取って冷まし、細かく切って水気を絞る。
❸ きくらげは細切りにする。
❹ ❶、❷、❸を軽く混ぜ、餃子の皮に適量ずつのせて包む。
❺ 鍋に湯を沸かし、❹を入れてゆで、汁気をきって器に盛る。Aを混ぜてたれを作り、添える。

小松菜は軸を先にゆではじめ、火の通りの早い葉の部分は時間差で入れてゆでる。

卵は菜箸を4本使って絶えず混ぜながら火を通していき、炒り卵にする。

餃子をゆでる。具はすでに火が通っているので、皮が透明になればOK。

炒める 鍋φ18cm

ひき肉とひじきの混ぜご飯

材料：2人分

ひき肉ひじき炒め（p.91参照）
　適量
ご飯　適量

❶ ひき肉ひじき炒めは、p.91を参照して炒めて仕上げる。
❷ ご飯に❶を適量混ぜる。

ひき肉ひじき炒めは多めに作り、冷蔵庫にストックしておくと便利。

豆腐は大きくくずして加え、それから中火にかけて炒めはじめる。

ゴーヤを加えて炒め合わせる。好みで溶き卵を加えてもいい。

炒める　鍋φ22cm

ゴーヤチャンプルー

材料：2人分
ゴーヤ　小1本
塩　小さじ1½
豆腐（木綿）　1丁（250g）
ソーセージ　3本
太白ごま油または米油　大さじ1
ナンプラーまたはしょうゆ　少々
削り節　適量

❶ ゴーヤは縦半分に切ってワタと種を除き、3mm幅に切る。ボウルに入れて塩をふり、軽く混ぜて15分ほどおく。豆腐は軽く重しをして水きりする。ソーセージは1cm幅の斜め切りにする。

❷ ❶のゴーヤは水気が出ていたら拭き取り、塩気がきつければさっと水洗いし、塩気がよければそのままにする。

❸ 鍋に油とソーセージを入れ、弱火にかけてさっと炒め、豆腐を手で大きくくずして加え、弱めの中火で炒める。ゴーヤを加えてさらに炒め、香りづけにナンプラーをふる。

❹ 器に盛り、削り節をかける。

温める　鍋φ18cm

もずくのみそ汁

材料：2人分
もずく（味つけなし）　80g
だし汁　2カップ
みそ　大さじ1～2

❶ 鍋にだし汁を入れて温め、みそを溶き入れ、もずくを加えてさっと温める。

もずくは煮る必要がないので、先にみそを溶き入れる。もずくの味をみてその量は加減する。

炒めるときは先にソーセージを炒め、
そのあと豆腐を入れると鍋にくっつきにくく、炒めやすくなります。
豆腐は水気の少ない木綿豆腐、または沖縄の島豆腐でも。
みそ汁の具はもずく。味つきではない生もずくを買い求めます。

ゴーヤチャンプルー
＋
もずくのみそ汁

> ゆでる ▶ 炒める 🍳 鍋φ18cm

じゃがいもとたこの にんにく炒め

材料：2人分
じゃがいも（メークイン）　2個
ゆでだこ（足）　1本（120g）
にんにく　1片
オリーブオイル　大さじ2
赤唐辛子　1本
塩　2つまみ
粗びき黒こしょう　各適量

❶　じゃがいもは皮をむいて食べやすい大きさに切る。たこは薄めに切り、細い部分は食べやすい大きさに切る。にんにくは薄切りにする。
❷　鍋に湯を沸かし、じゃがいもを入れてかためにゆで、ザルに上げて水気をきる。
❸　❷の鍋を拭いてオリーブオイル、にんにく、赤唐辛子を入れて弱火にかける。にんにくの香りが立ったら、じゃがいも、塩を加えて炒め、たこを加えて炒め合わせる。
❹　器に盛り、こしょうをふる。

じゃがいもはゆでる。皮をむいて一口大に切ってあるので、湯からゆでてもOK。

じゃがいももたこも火が通っているので、炒め加減は好みでよい。おいしそうな色がつくくらい。

> ゆでる ▶ 煮る 🍳 鍋φ22cm

春豆の薄甘煮

材料：2人分
そら豆（薄皮つき）　120g
スナップえんどう　150g
グリンピース　40g
A だし汁　1カップ
　塩　2つまみ
　砂糖　小さじ2

❶　そら豆は黒いツメの部分に少し切り目を入れる。スナップえんどうは筋を取る。
❷　鍋にたっぷりの湯を沸かし、そら豆を入れてゆで、ザルに取る。続いてスナップえんどうを入れてゆで、さっと水に取って冷まし、ザルに上げて水気をきる。
❸　❷の鍋にグリンピースを入れてゆで、ゆで汁の中で粗熱を取り、ザルに上げる。
❹　そら豆は薄皮をむく。
❺　❸の鍋を拭いて**A**を入れて火にかけ、砂糖が溶けたら、そら豆、スナップえんどう、グリンピースを入れて弱火で3分ほど煮る。火を止めて30分ほどおく。

そら豆、スナップえんどう、グリンピースを順にゆでていく。ゆで時間が違うので、それぞれゆでる。

塩と砂糖で薄甘に味つけただし汁でさっと煮て、火を止めて味を含ませる。豆が重ならないように、直径22cmの鍋を使う。

オリーブオイル、にんにく、赤唐辛子の黄金トリオで炒めた
じゃがいものおいしさは鉄板。
たこに塩気があるので、味見をして塩の加減をします。
緑の豆で作る薄甘煮は、温かくても、冷たくしても、
おいしくいただけます。

じゃがいもとたこのにんにく炒め
＋
春豆の薄甘煮

麺が主役の1品ごはん

炒める ▶ 煮る 鍋φ22cm　　ゆでる 鍋φ18cm

カレーうどん

材料：2人分

豚切り落とし肉　180g
玉ねぎ　1個
長ねぎ　5cm
太白ごま油または米油　小さじ1
酒　大さじ1
だし汁(かつおだし)　3カップ
A　しょうゆ　大さじ2
　　みりん　大さじ1½
カレールウ(フレークタイプ)
　大さじ3
片栗粉　大さじ1
冷凍うどん　2玉

❶　豚肉は一口大に切る。玉ねぎは縦半分に切り、繊維に沿って1cm幅に切る。長ねぎは小口切りにして水にさらし、水気をきる。
❷　鍋(22cm)に油と豚肉を入れ、弱火で炒める。肉の色がかわってきたら酒を加え、沸騰してきたら玉ねぎを加える。
❸　中火にしてだし汁を注ぎ入れ、沸騰してきたらAを加えて少し煮、カレールウを入れて溶かす。
❹　片栗粉を倍量の水で溶いて水溶き片栗粉を作り、❸に回し入れてとろみをつける。いったん火を止める。
❺　鍋(18cm)にたっぷりの湯を沸かし、うどんを入れてゆでる。湯をきって❹に加えてひと煮する。
❻　器に盛り、長ねぎをのせる。

豚肉に火が通ったら玉ねぎを加える。玉ねぎは切ったらほぐしておくとよい。

豚肉と玉ねぎを煮たらカレールウを加える。カレールウは好みのものでOK。

水溶き片栗粉でとろみをつける。様子を見ながら少しずつ入れていくとよい。

冷凍うどんは湯に入れてさっとゆでる。ゆで汁をきってからカレーの鍋に加える。

カレールウとだし汁で作る、ちょっぴり懐かしい、
おそば屋さん風カレーうどん。肉は豚切り落とし肉を用い、
かつおだしで煮るのがポイントです。
冷凍うどんのほか、ゆでそばやきしめんを使ったり、
もちろんご飯にかけても OK です。

豚肉、野菜、練り製品など具だくさんに仕上げた、
ちゃんぽん風のラーメン。
だし汁と水、鶏ガラスープの素、ナンプラー、
薄口しょうゆで作ったスープは我が家風。
あっさりとしていて、ちゃんぽんによく合います。

豚肉と白菜の芯を先に炒め、次に白菜の葉、なると、きくらげ、ニラを順に加えてさらに炒める。

具を炒めて素材から十分にうまみが出たら、だし汁と水を加え、調味料を加えてスープを作る。

中華生麺はたっぷりの湯でゆでる。好みの麺を使えばよい。

麺がゆで上がったら、汁気をきって大きい鍋（22cm）に加える。ひと煮したらでき上がり。

炒める ▶ 煮る　鍋φ22cm　　ゆでる　鍋φ18cm

ちゃんぽん風ラーメン

材料：2人分
豚バラ薄切り肉　100g
白菜　1/8個
きくらげ（戻したもの）　大2枚
ニラ　4本
なると　適量
ごま油　大さじ1
塩　適量
A　だし汁、水　各1½カップ
　　鶏ガラスープの素　小さじ1
　　ナンプラー　小さじ1〜2
　　薄口しょうゆ　小さじ1
中華生麺　2玉
粗びき黒こしょう　適量

❶ 豚肉は小さめの一口大に切る。白菜は食べやすい大きさに切り、葉と芯の部分に分ける。きくらげは細切りにし、ニラは4cm長さに切る。なるとは斜め薄切りにする。
❷ 鍋（22cm）にごま油と豚肉を広げて入れ、弱火で炒める。豚肉の色が変わってきたら塩1つまみを加え、白菜の芯を加えて炒める。
❸ 白菜の芯がしんなりとしてきたら、白菜の葉、なると、きくらげ、ニラの順に加えて炒め合わせる。
❹ Aを注ぎ入れて煮立て、塩で味を調える。
❺ 鍋（18cm）にたっぷりの湯を沸かし、麺を入れてゆでる。湯をきって❹に加えてひと煮する。
❻ 器に盛り、こしょうをふる。

1人分の焼きそばならフライパンでもいいのですが、
野菜をたっぷり入れて2人分を作るなら、高さのある雪平鍋が便利。
麺はほぐして焼きつけてから加えると、
ベチャッとしないし、具とよくからみます。

麺は油とともに鍋に入れ、焼きつけるようにしながらほぐす。

豚肉を炒めたら、にんじんとピーマンを加えてさらに炒める。

炒める　鍋φ22cm、18cm

ソース焼きそば

材料：2人分
豚肩ロース薄切り肉　100g
キャベツ　4枚
にんじん　1/3本
ピーマン　1個
中華蒸し麺　2玉
太白ごま油または米油　小さじ3
塩　適量
焼きそばソース　大さじ1½〜2
しょうゆ　小さじ½

野菜を炒め合わせたら、焼きつけてほぐしておいた麺を加える。

ヘラなどで上下を返しながら炒め合わせる。これで均等に混ざる。

ソースとしょうゆで味つけする。ソースは好みのものでOK。

❶　豚肉は一口大に切る。キャベツは食べやすい大きさに切り、にんじんは短冊切りにする。ピーマンは種を取って横半分に切ってから縦2cm幅に切る。
❷　鍋(18cm)に油小さじ2と麺を入れて弱火にかけ、無理に麺をほぐさず、焼きつけるようにしながら自然とほぐす。
❸　鍋(22cm)に油小さじ1と豚肉を広げて入れ、弱火で炒める。豚肉の色が変わったら塩少々を加える。
❹　❸ににんじんとピーマンを加えて中火で炒め、塩1つまみを加え、キャベツを入れて炒め合わせる。
❺　❷の麺を加え、ヘラなどで上下を返しながら炒め合わせる。ソースとしょうゆで味を調える。

雪平鍋が2つあると、具を次々ゆでる、麺をゆでる……の作業が苦にならないがうれしい。
ここではえびといかを使いましたが、豚薄切り肉、
鶏ささ身などで肉バージョンにしても。
自家製だれがおいしさの決め手です。

まずはもやしをゆでる。さっとゆでてザルに上げて冷ます。

もやしと同じ湯で、えび、いかの順にゆでる。それぞれザルに上げる。

> ゆでる　鍋φ22cm、φ18cm

海鮮冷やし中華

材料：2人分
えび（ブラックタイガー）　6尾
いかの胴　1ぱい分
もやし　1パック
きゅうり　½本
ミニトマト　4〜5個
A　しょうゆ、酢　各大さじ1
　　砂糖　小さじ2
　　レモンの搾り汁　¼個分
　　ピーナツオイル
　　　またはアーモンドオイルや
　　　ごま油　大さじ2
中華生麺　2玉
白炒りごま　適量

❶　えびは殻をむいて背ワタを取り、塩水で洗って水気をきる。いかは皮をむき、斜め格子状に切り目を入れ、食べやすい大きさに切る。

❷　もやしはできる限りひげ根を取る。きゅうりはせん切りにし、ミニトマトは半分に切る。

❸　鍋（18cm）に湯を沸かし、もやしをゆで、網じゃくしで取って、ザルに上げて冷ます。次にえびを入れてゆで、ザルに上げて冷ます。続いていかを入れてさっとゆで、ザルに上げて冷ます。

❹　Aはボウルに入れて混ぜ合わせる。

❺　鍋（22cm）にたっぷりの湯を沸かし、麺を入れてゆで、ザルにあける。流水でよく洗ってぬめりをとり、氷水でしめて水気をしっかりときる。

❻　器に麺を盛り、❸、きゅうり、ミニトマトをのせ、❹のたれをかけてごまをふる。

麺はほぐし、たっぷりの湯でゆでる。ゆですぎないように注意。

麺をゆでたら、すぐにザルにあけてゆで汁をきる。

雪平鍋に戻し、流水でよく洗ってぬめりをとる。ボウル代わりに雪平鍋を使う。

じゃがいも、ブロッコリーをゆでる。つぶれるくらいやわらかくゆでるのがポイント。

やわらかくなるまでゆでたら、フォークなどで押さえながら湯をきる。

湯をきったじゃがいも、ブロッコリーをフォークでつぶす。

スパゲッティは塩を加えた熱湯でゆでる。半分に折るとゆでやすい。

(ゆでる ▶ 煮る 鍋φ22cm) (ゆでる 鍋φ18cm)

ブロッコリーとじゃがいもの クリームパスタ

材料：2人分
ブロッコリー　½個
じゃがいも　2個
にんにくのすりおろし　少々
生クリーム　½カップ
オリーブオイル　大さじ1
スパゲッティ　160g
パルミジャーノチーズ（削ったもの）
　大さじ3
塩　適量

❶ ブロッコリーは小房に分け、茎は皮をむいて小さめに切る。じゃがいもは皮をむいて2〜3cm角に切る。
❷ 鍋（22cm）に湯を沸かし、塩少々（分量外）を加え、じゃがいも、ブロッコリーを入れてゆでる。つぶれるくらいまでやわらかくなったら、ゆで汁を捨てる。
❸ 鍋の中でブロッコリーをフォークでつぶし、じゃがいもはやや形を残す。
❹ ❸ににんにくのすりおろし、生クリーム、オリーブオイルを加え、弱めの中火にかけて温める。フツフツしてきたら弱火にし、軽く混ぜながらとろみがつくまで煮つめる。
❺ 鍋（18cm）に湯を沸かし、塩少々（分量外）を加え、スパゲッティを半分に折って入れ、ゆでる。湯をきって❹の鍋に加え、パルミジャーノチーズも入れ、手早くあえる。塩で味を調える。
❻ 器に盛り、さらに好みでオリーブオイルやパルミジャーノチーズ（各分量外）をかける。

ゆでたてのスパゲッティをソースに加え、手早くからめる。

ブロッコリーとじゃがいもをやわらかくゆでてつぶし、
オリーブオイルや生クリームを加えて
クリーミーなソースにします。
雪平鍋の中でパスタにあえればでき上がり。
チーズもたっぷり入れて仕上げます。

雪平鍋でこんなことも……

雪平鍋とセイロで、蒸してみる

たくさんの量を一気に蒸すなら大きな鍋と大きなセイロが必要ですが、1～2人分を蒸すなら、雪平鍋と小さいセイロが手軽。蒸し野菜はもちろん、市販のシューマイなどを蒸したり、蒸しずしや、冷凍ご飯やかたくなったパンの温め直しにも、もってこい。セイロから立ち上る湯気で食指が動きます。

● 道具はこれ

雪平鍋とほぼ同じ直径のセイロがあればベスト。もし大きすぎたり小さすぎる場合は、セイロ用台輪（ステンレス製）をかませるといい。

野菜を蒸す

雪平鍋にたっぷりの湯を沸かし、野菜を並べたセイロをのせ、ふたをして、蒸気の立った状態で蒸す。竹串を刺してみて、スーッと通るくらいになったら火を止める。ここでは、小房に分けたブロッコリー、食べやすい大きさに切ったじゃがいも、かぶ。火の通りにくいものを先に蒸し、火の通りが早いものはあとで加える。マヨネーズ、オリーブオイル＋塩などで食べる。

パンを蒸す

トースターで香ばしく焼いたパンもおいしいですが、セイロで蒸したパンはフワッとモチッとしていて、これもまた美味。パンをセイロに入る大きさに切り分けて並べ入れ、ふたをして、蒸気の立った状態で温める程度に蒸す。蒸したてにバターとジャムをのせて頬張ると最高。

シューマイや肉まんを蒸す

手作りのシューマイだけでなく、買ってきたシューマイや肉まん、あんまんも、セイロで蒸すとホカホカ。電子レンジで温め直すより、冷めにくく、冷めてもかたくなりにくく、おいしさが長持ちする。キャベツや白菜の葉を敷いてからのせると、余分な水気を野菜が吸い取ってくれる。

INDEX

肉・肉加工品のおかず

牛すき煮　14

ハッシュドビーフ　16

牛すねの肉じゃが　18

牛しゃぶとキャベツのごまだれあえ　20

細切り牛肉とピーマン炒め　22

炒め牛肉のサラダ　24

タコライス　26

豚薄切り肉と小松菜の煮もの　28

豚肉と大根の韓国風煮もの　30

豚しゃぶとゆで野菜のニラだれ　32

塩豚と生野菜　34

豚肉とキャベツのマヨ炒め　36

豚肉と玉ねぎのしょうが炒め　38

ガパオライス　40

肉団子と春雨のスープ　42

鶏肉とれんこんの山椒煮　44

炒り鶏　46

手羽中、しいたけ、卵のオイスター黒酢煮　48

ゆで鶏の花椒だれ　50

ささ身と水晶豆腐のオクラ梅だれ　52

三色丼　54

ソーセージとキャベツの蒸し煮　56

コンビーフと大豆のカレー　58

ベーコン、エリンギ、豆苗炒め　60

豚汁　82

肉団子豆腐　80

ふきと豚肉の炒めもの　86

きのこ鶏　90

ひき肉ひじき炒め　91

ニラ、ベーコン、卵炒め　92

かぶとベーコンのバター煮　94

温野菜の豚肉あん　102

ひき肉とひじきの混ぜご飯　106

ゴーヤチャンプルー　108

大豆製品のおかず

ニラと豆腐の和風スープ　20
つぶし大豆のみそ汁　24
ささ身と水晶豆腐のオクラ梅だれ　52
油揚げとみょうがの卵とじ　52
コンビーフと大豆のカレー　58
炒り豆腐　64
厚揚げのキムチ煮　78
肉団子豆腐　80
煮やっこ丼　82
袋煮　84
いなりずし　86
厚揚げと野菜のみそ炒め　88
五目おから　102
ゴーヤチャンプルー　108

魚介・魚介加工品のおかず

じゃがたらこサラダ　28
ブロッコリーのじゃこ炒め　56
ぶり大根　64
さばのみそ煮　66
大根葉とじゃこ炒め　66
かれいの梅煮　68
たらのおろし煮　70
帆立のクリームシチュー　72
かじきのチリソース煮　74
ヤムウンセン（タイ風春雨サラダ）　76
いかとセロリのナンプラー炒め　78
たらこしらたき　88
えびきんぴら　90
ピーマンとツナの丸ごと煮　92
帆立といんげんのマスタードじょうゆ炒め　104
じゃがいもとたこのにんにく炒め　110

卵のおかず

手羽中、しいたけ、卵のオイスター黒酢煮　48
油揚げとみょうがの卵とじ　52
三色丼　54
袋煮　84
ニラ、ベーコン、卵炒め　92
野菜と卵の水餃子　106

海藻・乾物のおかず
- 肉団子と春雨のスープ　42
- お麩のおつゆ　54
- ひじき煮　60
- ヤムウンセン（タイ風春雨サラダ）　76
- 切り干し大根とじゃこ炒め　80
- ひき肉ひじき炒め　91
- ひき肉とひじきの混ぜご飯　106
- もずくのみそ汁　108

野菜のおかず
- ほうれん草のおひたし　14
- ニース風サラダ　16
- きのこと白菜の炒めマリネ　18
- 牛しゃぶとキャベツのごまだれあえ　20
- ニラと豆腐の和風スープ　20
- 細切り牛肉とピーマン炒め　22
- ゴーヤのサラダ　22
- かぼちゃクリーム　26
- 豚薄切り肉と小松菜の煮もの　28
- じゃがたらこサラダ　28
- 豚肉と大根の韓国風煮もの　30
- 春菊とわかめのナムル　30
- 豚しゃぶとゆで野菜のニラだれ　32
- なす梅炒め　32
- じゃがにんじんのグラッセ　34
- 豚肉とキャベツのマヨ炒め　36
- オクラと長芋のおつゆ　36
- 豚肉と玉ねぎのしょうが炒め　38
- ポテトサラダ　38
- ズッキーニのレモンオイルあえ　40
- きゅうりのしょうが炒め　42
- 鶏肉とれんこんの山椒煮　44
- なすのしょうがじょうゆ炒め　44
- かぶのなます　46
- 手羽中、しいたけ、卵のオイスター黒酢煮　48
- ほうれん草のみそ汁　48
- 油揚げとみょうがの卵とじ　52
- 三色丼　54
- ソーセージとキャベツの蒸し煮　56
- ブロッコリーのじゃこ炒め　56
- 冷やしトマト　58
- ベーコン、エリンギ、豆苗炒め　60
- ぶり大根　64
- 大根葉とじゃこ炒め　66
- 野菜の白あえ　68
- せりとしいたけのゆず炒め　70
- 青菜の玉ねぎにんじんドレッシング　72
- 緑野菜の温サラダ　74
- なすときのこのココナッツカレー煮　76
- いかとセロリのナンプラー炒め　78
- 豚汁　82
- 酢れんこん　84
- ふきと豚肉の炒めもの　86

厚揚げと野菜のみそ炒め　88

きのこ鶏　90

なすいんげん炒め　91

ピーマンとツナの丸ごと煮　92

ニラ、ベーコン、卵炒め　92

かぶとベーコンのバター煮　94

菜飯　94

白菜の詰め詰め煮　96

長ねぎマリネ　96

夏野菜の煮込み　98

マッシュポテト　98

かぼちゃのポタージュ　100

ミモザサラダ　100

温野菜の豚肉あん　102

粉吹きいものポテトサラダ　104

帆立といんげんのマスタードじょうゆ炒め　104

野菜と卵の水餃子　106

ゴーヤチャンプルー　108

じゃがいもとたこのにんにく炒め　110

春豆の薄甘煮　110

蒸し野菜　122

ご飯・麺

タコライス　26

ガパオライス　40

野菜スープかけご飯　50

三色丼　54

お粥　62

煮やっこ丼　82

いなりずし　86

菜飯　94

ひき肉とひじきの混ぜご飯　106

カレーうどん　112

ちゃんぽん風ラーメン　114

ソース焼きそば　116

海鮮冷やし中華　118

ブロッコリーとじゃがいもの
　クリームパスタ　120

飛田和緒 HIDA KAZUO

東京生まれの東京育ち。高校時代の数年間を長野で過ごす。現在は神奈川県の海辺に夫、娘とともに暮らし、その土地の素材と素直に向き合いながら、日々の食卓で楽しめる家庭料理を作っている。家にあるものを組み合わせてちゃんとおいしい、無理のないレシピ、奇をてらわないレシピが人気。著書に『わたしの1週間献立表』(家の光協会)、『飛田さんちの卵料理100』(文化出版局)、『缶詰・瓶詰・常備品 食品棚にある買い置きで飛田和緒のシンプルごはん便利帳』『ひだパン』『ひだゴハン』(ともに東京書籍)など多数。

アートディレクション　昭原修三
デザイン　植田光子
撮影　竹内章雄
スタイリング　久保原恵理
編集　松原京子
プリンティングディレクター　栗原哲朗(図書印刷)

雪平鍋で2品献立
使う雪平鍋は2サイズ

2018年9月3日　第1刷発行

著　者　飛田和緒
発行者　千石雅仁
発行所　東京書籍株式会社
　　　　東京都北区堀船2-17-1　〒114-8524
　　　　電話　03-5390-7531(営業)
　　　　　　　03-5390-7508(編集)

印刷・製本　図書印刷株式会社

Copyright © 2018 by Kazuo Hida
All Rights Reserved.
Printed in Japan
ISBN978-4-487-81134-2 C2077

乱丁・落丁の際はお取り替えさせていただきます。
本書の内容を無断で転載することはかたくお断りいたします。